Eduard Sachau

Indoarabische Studien zur Aussprache und Geschichte

des Indischen in der ersten Hälfte des XI. Jahrhunderts

Eduard Sachau

Indoarabische Studien zur Aussprache und Geschichte
des Indischen in der ersten Hälfte des XI. Jahrhunderts

ISBN/EAN: 9783743681668

Hergestellt in Europa, USA, Kanada, Australien, Japan

Cover: Foto ©Thomas Meinert / pixelio.de

Weitere Bücher finden Sie auf **www.hansebooks.com**

INDO-ARABISCHE STUDIEN

ZUR

AUSSPRACHE UND GESCHICHTE DES INDISCHEN

IN DER

ERSTEN HÄLFTE DES XI. JAHRHUNDERTS.

VON

EDUARD SACHAU.

AUS DEN ABHANDLUNGEN DER KÖNIGL. PREUSS. AKADEMIE DER WISSENSCHAFTEN
ZU BERLIN VOM JAHRE 1888.

MIT EINEM FACSIMILE EINER ARABISCHEN HANDSCHRIFT.

BERLIN 1888.
VERLAG DER KÖNIGL. AKADEMIE DER WISSENSCHAFTEN.

IN COMMISSION BEI GEORG REIMER.

Wenn einem Arabischen Texte ein möglichst vollkommenes Verständnifs abgewonnen werden soll, mufs die Erklärung in den meisten Fällen von aufsenher Hülfe, Garantien, Mittel der Controle zu gewinnen suchen, bei historischen Texten die Garantie der inneren, aus anderen Quellen zu begründenden Wahrscheinlichkeit, bei astronomisch-mathematischen die Garantie der rechnerischen Controle, bei Nachrichten über fremde, nichtarabische Völker und Sprachen die Garantie der Vergleichung mit den eigenen Überlieferungen der betreffenden Nation. Und dies Bedürfnifs wird um so lebhafter empfunden werden, je mehr sich die behandelten Gegenstände von den nationalen, der Arabischen Litteratur eigenthümlichen Materien entfernen, und andererseits je mehr man sich überzeugt von der Nichtswürdigkeit der punktelosen Schrift der ältesten Zeit, sowie auch davon, dafs die Compilatoren die durch sie verdrängten Originalschriftsteller nie ganz verstanden, und was sie nicht verstanden, in der Regel ausgelassen oder entstellt wiedergegeben haben. Ein Epitomator aus der Zeit der Kreuzzüge stand dem Detail einer unter den älteren Abbasiden geschriebenen Schrift über das Byzantinische Reich und seine Verwaltung vollkommen rathlos gegenüber. Selbstverständlich wird man auch dann ganz besonders bestrebt sein Stützen von aufsenher zu gewinnen, wenn man für die Herausgabe und Erklärung eines an sich bedeutenden Textes auf eine einzige Handschrift angewiesen ist, wie dies der Fall war bei der Bearbeitung der Ἰνδικά von Alberuni[1]).

Diese Worte werden hoffentlich dem Herausgeber der Ἰνδικά zur Entschuldigung gereichen für den Einfall in das Indus- und Ganges-Thal, den er, auf den Spuren des Götzenzerstörers Maḥmûd wandelnd, gegen Beruf und nicht ohne Bangen unternommen, unternehmen zu müssen geglaubt hat. Den ersten Bericht hierüber hat der Index der Textausgabe, Seite ٣١١—٣١٣ erstattet.

Die anfänglich genährte Hoffnung, dafs es gelingen werde mit Hülfe des Sanskrit alle Klippen glücklich zu umschiffen, erwies sich bald als durchaus trügerisch. Ob die Handschrift im Rechte war Sanskritisches *vidyut, jihvâ, kaśyapa, pustaka, sûrya, daitya, strî, khaḍga, niḥśvâsa, jyeshṭha, âditya, pradyumna* wiederzugeben durch بدد, جبّ, كشب, پوتی, سورج, دیت, استری, کرک, نشاس, جیرت, آدت, پرتمن, konnte mit Hülfe des Sanskrit-Lexikons nicht festgestellt werden, denn Wortformen wie *bidud, jibbu, kashshabu, pûti (pôti), sûrju, daitu, istri, karku, nishâsu, jertu, âditu, praddamanu* sind dem Sanskrit durchaus fremd. Wenn also des Verfassers Indisch sich nicht mit dem Sanskrit der Litteratur deckte, so entstand die Frage: hat er vielleicht Prâkritische, hier und da etwa Jaina-Quellen benutzt? Entspricht sein Indisch der mittelindischen Prâkritischen Phase oder irgendeiner der unter dem Collectiv-Namen Prâkṛit überlieferten Mundarten? Aber schon eine erste, oberflächliche Recognoscirung auf diesem Gebiet mufste zu der Einsicht führen, dafs die Lesungen der Handschrift von dieser Seite her nicht gestützt werden können. Denn im Prâkṛit lauten die betreffenden Wörter: *vijjû, jihâ, kâsavo, potthao, sûro* und *sujjo, daïcco, itthî, khaggo, nisâso, jeṭṭha, âicco, pajjuṇṇo*.

Wenn es daher im Allgemeinen unzulässig schien das Indische der Hds. durch Sanskrit oder Prâkṛit controliren zu wollen, so war immerhin nicht ausgeschlossen, dafs dies negative Resultat nur für die mehr volksthümlichen, der Umgangssprache entnommenen Wörter zu gelten habe, dafs dagegen alles dasjenige Sprachgut, das dem Verfasser durch littera-

---

[1]) Alberuni's India. An account of the religion, philosophy, literature, chronology, astronomy, customs, laws and astrology of India about A. D. 1030. Edited by Edward Sachau. London 1887.

rische Vermittelung zugekommen und ihm nachweislich direct aus Sanskrit-Handschriften mitgetheilt worden ist, die ursprünglichen Formen auch in der Arabischen Transliteration deutlich zum Ausdruck bringen werde. Vergleicht man z. B. die verschiedenen der Bṛihat-Saṁhitâ von Varâhamihira und dem Vâyu-Purâṇa entlehnten Namenslisten, so erkennt man im Allgemeinen das Bestreben nach einer correcten Wiedergabe Sanskritischer Laute und Formen, vgl. z. B. بهذر *Bhadra*, ماثر *Mâthura*, شورسين *Śûrasena*, اشوت *Aśvattha*, ساكيت *Sâketa*, كبشتل *Kapishṭhala*, شوربكرن *Śûrpakarṇa* (aus Varâhamihira); ferner پانچال *Pâñcâla*, جنكل *Jaṅgala*, كنتل *Kuntala*; انذر *Andhra*, بنكيى *Vaṅgeya*, مكذ *Magadha*, مهارشتر *Mahârâshṭra* (aus dem Vâyu-Purâṇa). Diese und ähnliche Beispiele machen den Eindruck, dafs der Verfasser sehr wohl im Stande gewesen wäre, durch das Arabische Alphabet alle Sanskrit-Wörter mit einem solchen Grade von Genauigkeit wiederzugeben, dafs ihre Wiedererkennung nicht die mindeste Schwierigkeit verursacht haben würde. Wenn er daher unmittelbar neben correct transcribirten Wörtern solche schreibt, die erhebliche Abweichungen von dem Sanskritischen Lautbestande zeigen, so darf dies nicht aus einem Unvermögen seinerseits, die betreffenden Wortformen durch die Arabische Schrift wiederzugeben, abgeleitet werden, sondern läfst nur die Erklärung zu, dafs er entweder **absichtlich** eine correcte Transcription vermeiden wollte — und diese Annahme ist unzulässig, da er wiederholt erklärt alles Indische so genau wie möglich darstellen zu wollen, — oder dafs er in der That die Wörter grade so gehört hat, wie er sie schreibt. Und diese letztere Annahme ist die allein statthafte. Die betreffenden Wörter sind ihm ohne Zweifel aus Büchern vorgelesen worden, aber seine Pandits haben falsch ausgesprochen, denn die Wörter, die neben den eben citirten vorkommen, wie مندنب = *Mâṇḍarya*, كبوخ = *Ghosha*, جون = *Yamunâ*, جوتخ *Jyotisha*, دقرمارن *Dharmâraṇya*, كورگريم *Gauragrîva*, برخبذغج *Vṛishabadhvaja*, سمه *Suhma* (aus Varâhamihira); سال = *Sâlva*, پتذجر *Patheśvara*, مجى *Vatsa*, جول *Caulya*, پلند = *Pulindra*, بندموِل *Vindhyamûli* داكشنات *Dâkshiṇâtya* (aus dem Vâyu-Purâṇa), — diese Wörter, ohne Zweifel in der Handschrift richtig überliefert, zeigen in ihrem Lautbestande erhebliche Abweichungen von den zu Grunde liegenden Formen, Abweichungen, die nicht aus dem Sanskrit, sondern nur mit Zuhülfenahme Prakritischer und vernacularer Lautgesetze erklärt werden können. Die dictirenden Pandits haben das Sanskrit nachläfsig ausgesprochen und standen hierin unter dem Einflufs der Indischen Umgangssprache ihrer Zeit und Umgebung. Wir dürfen daher ihre Nachläfsigkeiten in der Aussprache des Sanskrit als Fingerzeige, welche auf die eigenthümlichen Lautverhältnisse ihres Vernacular-Dialektes hinweisen, verwerthen.

Alles Indische bei Alberuni vorkommende Sprachgut theilt sich seinem Ursprunge nach, wie er selbst an mehreren Stellen auseinandersetzt (Preface S. XXII), in zwei Classen: in solches, das aus der Sanskrit-Litteratur, Sanskritisches, und in solches, das ihm aus der Indischen Umgangssprache seiner Umgebung zugekommen ist, Wortformen einer in allen wesentlichen Stücken Neuindischen Bhâshâ. Jedoch vom Standpunkt der Lautlehre betrachtet, bilden beide eine Einheit; sie gewähren uns — sowohl durch die correct wiedergegebenen Bhâshâ- oder Hindî-Formen wie durch die mit einer Hinneigung zur Bhâshâ ausgesprochenen Sanskrit-Formen — einen Einblick in die Geschichte des Indischen Lautsystems. Als eine dritte selbständige Classe etwa die Prakritischen Elemente hinzustellen scheint nicht zulässig, da sie einen integrirenden Bestandtheil der Bhâshâ bilden, wie bekannter Maafsen in allen Neuindischen Sprachen rein Prakritische Formen neben solchen auftreten, die nicht aus dem Prâkṛit, sondern nach gewissen nichtprakritischen Lautgesetzen direct aus dem Sanskrit abgeleitet werden müssen. Einen Erklärungsversuch für diesen eigenthümlichen Dualismus in den Neuindischen Sprachen, hergenommen von der Renaissance des Brahmanenthums und seinem Siege über die Lehre Buddha's im 9. und 10. Jahrhundert, gibt Beames, Comparative grammar, Introduction S. 14—17.

Wir wissen nicht, wo Alberuni sein Werk geschrieben, aber wir wissen, dafs er auf seinen Reisen über das Thal des Kabul-Rûd und über den Panjab nicht hinausgekommen ist, dafs er niemals in Kashmîr, im eigentlichen Hindustan oder in Sindh gelebt hat. Sein Hindî-Dialekt steht daher räumlich dem Panjâbî und Sindhî, besonders dem nördlichen, am nächsten. Wichtiger aber als seine locale Stellung ist sein Alter, die Thatsache, dafs diese Sprachreste überhaupt genau datirt werden können, und andrerseits dafs sie bereits aus dem Anfange des 11.

Jahrhunderts herstammen. Denn Alberuni hat sein Werk im Sommer 1030 verfafst, und dies ist ein verhältnifsmäfsig hohes Alter, das von keinerlei schriftlichen Denkmälern in den Neuindischen Sprachen erreicht wird. Die hier erhaltenen Reste eines Hindî-Dialekts gewinnen dadurch eine besondere Bedeutung, dafs sie das älteste Hindî oder Neuindisch sind, das wir zur Zeit kennen.

Als das älteste Denkmal Neuindischer Sprache galt bisher das grofse Epos von den Thaten des Prithî Râj Chauhân von Delhi, der im J. 1192 im Kampfe gegen die Muhammedaner unter dem Ghoriden Shihâb-aldîn fiel (Elliott, Hist. of India II, 297); als Dichter desselben Cand Bardâî aus Lahore, ein Zeitgenosse des von ihm besungenen Königs. So Garcin de Tassy, Beames (C. Gr. introd. p. 83) und Trumpp (Münch. S. Ber. 1879 S. 2)[1]. Diese Ansicht scheint aber nunmehr unhaltbar zu sein. Ein Indischer Gelehrter, Kavi Râj Shyâmal Dâs hat in dem Journal of the Asiatic Society of Bengal 1887 S. 5 ff. zu beweisen gesucht, dafs dies Epos nicht im 12. Jahrhundert, sondern zwischen 1583—1613, und nicht in Delhi, sondern in Rajputana, und vor allen Dingen nicht von Cand Bardâî, dem Zeitgenossen des Prithî Râj, verfafst worden sei. In dieser Angelegenheit ist das letzte Wort wohl noch nicht gesprochen, aber man wird einstweilen davon absehen müssen das Epos Prithi Râj Râsâ als das älteste Denkmal Neuindischer Rede hinzustellen.

Zu den ältesten Hindî-Dichtern zählen ohne Zweifel Jaidēu und Nāmdēu, von denen Gedichte im Âdi Granth der Sikhs (verfafst um 1600) erhalten sind. Trumpp (Die ältesten Hinduî-Gedichte, Sitzungsberichte der Königl. Bayerischen Akademie vom 7. Jan. 1879) weist den ersteren, den Verfasser des Gîtâgovinda, der zweiten Hälfte des 13. Jahrhunderts, den letzteren der ersten Hälfte des 14. Jahrhunderts zu. Die Richtigkeit dieser chronologischen Bestimmungen vorausgesetzt, sind die betreffenden Gedichte immer noch um 150 bis 200 Jahre jünger als die Bruchstücke des von Alberuni erhaltenen Hindî-Dialekts.

Die Natur der in den Indica überlieferten Materialien ist leider eine so einseitige, dafs an den Versuch einer Reconstruction dieses Dia-

---

[1]) Eine grammatische Darstellung der Sprache des Cand gibt Beames, Journal of the Asiatic Society of Bengal 1873 p. 165 ff.

lekts in seinen Hauptstücken nicht gedacht werden kann. Sie haben nur den Werth eines dürren Glossars, das sich darauf beschränkt Nomina und einige Zahlwörter in der einfachsten Form aufzuzählen, während Pronomen und Verbum wie auch die flexivischen Elemente fast gänzlich fehlen. Die folgenden Ausführungen beschränken sich daher auf eine skizzenhafte Darlegung des Lautbestandes der überlieferten Wörter, besonders des Consonantismus, da die Vocale in der einzigen Handschrift nur sehr unvollständig überliefert sind, und ferner auf einige Anmerkungen über Nominalendungen. Ursprünglich unternommen in der Absicht die Überlieferung der Arabischen Handschrift zu prüfen, zu erklären und eventuell zu rechtfertigen, haben diese Untersuchungen das Resultat ergeben, daſs die Schreibung der Indischen Wörter — besonders des consonantischen Theils derselben — im Allgemeinen sehr correct ist, daſs der Verfasser gut gehört und sorgfältig transcribirt hat, und daſs die Hds. das Werk des Verfassers in allen Hauptsachen getreu widergibt. Dies Resultat hätte eine gröſsere Sicherheit gewonnen, wenn es gelungen wäre einen einzigen, bestimmten Dialekt nachzuweisen, der alle hier vorliegenden Eigenthümlichkeiten, wenn auch in einer etwas jüngeren Form, in sich vereinigte. Das ist leider nicht der Fall. Ich habe mich mit einem eklektischen Verfahren begnügen müssen, habe im Prâkṛit und Hindî, im Sindhî und Panjâbî nach Analogien gesucht und mit ihrer Hülfe die von der Arabischen Handschrift überlieferten Formen zu analysiren gesucht [1]).

I. Consonantisches.
 A) einzelne Consonanten.
 B) Consonantenverbindungen.
II. Vocalisches und Nominalauslaut.

Es wird im Folgenden oftmals erforderlich sein die Aussprache eines Arabisch geschriebenen Wortes anzugeben, selbst wenn in der Hds.

[1]) Vgl. § 6 in der Preface der Textausgabe.

die Vocale nicht beigefügt sind. Dafs ein solcher Versuch einer Reconstruction der Indischen Wörter, wie sie etwa Alberuni selbst oder ein Arabisch-Persischer Leser nach seinem Werke gesprochen haben mag, stets mehr oder weniger den Charakter einer Conjectur hat, bedarf keiner weiteren Darlegung. Eine der schwierigsten Fragen ist dabei diejenige nach dem Auslaut der Nomina, eine Frage, die im zweiten Abschnitt im Zusammenhang behandelt werden soll. Vorläufig dürfte es das richtigste sein in zweifelhaften Fällen jedes Nomen mit dem Auslaut kurz *u* zu sprechen, besonders die *a*-Stämme, aber auch die consonantisch auslautenden, soweit nicht etwas anderes sicher überliefert ist. Das nähere hierüber s. im Abschnitt II, *B* (Nominalauslaut).

Die Indischen Wörter werden hier ohne Anführung der Stelle der Indica, in der sie vorkommen, angeführt. Wer sie im Zusammenhange des Arabischen Originals prüfen will, findet die betreffenden Stellen in dem Index der Textausgabe.

Einige vielfach zu nennende Werke sind in folgender Weise citirt:

Beames = A comparative grammar of the modern Aryan languages of India. London 1872.

Hoernle = A comparative grammar of the Gaudian languages. London 1880.

Trumpp = Grammar of the Sindhi language. London 1872.

E. Müller = Beiträge zur Grammatik des Jainaprâkrit. Berlin 1876.

Vararuci = The Prâkrita-Prakâśa or the Prâkrit grammar of Vararuchi etc., by E. B. Cowell. London 1868.

Hemacandra = Hemacandra's Grammatik der Prâkritsprachen etc., von R. Pischel, Halle 1877. 1880.

Jacobi = Ausgewählte Erzählungen in *Mahârâshtri* etc., von H. Jacobi, Leipzig 1886.

Skr. = Sanskrit, Pr. = Prâkrit, H. = Hindi, P. = Panjâbî, S. = Sindhî.

Die hier angewendete Transcription des Sanskrit-Alphabetes ist folgende: a â i î u û ṛi ai au, k kh g gh ṅ, c ch j jh ñ, ṭ ṭh ḍ ḍh ṇ, t th d dh n, p ph b bh m, y r l v, ś sh s h, Anusvâra ṁ, Visarga ḥ.

I.

Consonantisches.

A. Einzelne Consonanten.

Die nachstehende Untersuchung über die fünf Vargas des Indischen Consonantensystems, seine Halbvocale und Zischlaute, und ihre Behandlung in der Berunischen Hindî-Mundart und Sanskrit-Aussprache ist aus dem praktischen Bedürfnifs der Entzifferung, des Erkennens der Indischen Wörter in der Arabischen Verkleidung hervorgegangen, und war ursprünglich in der Weise durchgeführt, dafs die einzelnen Laute des Arabischen Alphabets zum Ausgangspunkt genommen und dann untersucht wurde, welchen Indischen Laut oder welche Indischen Laute sie nach Alberuni's Absichten wiederzugeben bestimmt waren. Diese Arbeit ergab eine Darstellung seines Transliterationssystems im Einzelnen, ein bequemes Werkzeug in der Hand des Herausgebers. Hier aber ist die Aufgabe eine andere. Es handelt sich darum das Material den Indianisten zur Beurtheilung vorzulegen, und demgemäfs mufs eine andere Methode befolgt werden. Wir werden jetzt, von den Indischen Lauten ausgehend, darzustellen versuchen, in welcher Form die Indischen Wörter in den Indica auftreten, eventuell welche Veränderungen sie zeigen.

1) Gutturale: *k* = ک (selten ق)
kh = ک und خ (که?)
g = گ (selten ق)
gh = گ, einzeln که
ṅ = ن

Beispiele für *k* = ک sind sehr zahlreich wie z. B. کسم *kusuma*, ابیکت *avyakta*, شلوک *śloka*, کویتل (*kavitalu*) *kâpishṭhala*, ستکال (*sitakâla*) *sîtakâla* (wegen der Verkürzung des langen *î* s. Abschnitt II, Vocalisches); پورارتک (*pûrârtaku*) *pûrâshṭakû*.

In der Schreibung der Handschrift, vielleicht auch schon in derjenigen des Arabischen Autors ist die Transliteration dadurch ganz aufserordentlich geschädigt worden, dafs neben ک = *k* noch das Zeichen ڭ = *g* eingeführt, aber beide nicht sorgfältig auseinander gehalten worden sind, sodafs vielfach ک *g*, ڭ *k* bezeichnet, und umgekehrt. Dasselbe gilt von den betreffenden Aspiranten. Die Schrift läfst hier den Leser rathlos vor der Frage, ob nur eine Nachlässigkeit der Schreibung oder ein Lautwandel vorliegt. Dafs vielfach, nach meinem Dafürhalten in den meisten Fällen kritiklose Schreiberwillkühr vorliegt, läfst sich dadurch erweisen, dafs manche Wörter in der einen Stelle so, in der andern anders geschrieben sind. Das Wort *karaṇa* wird geschrieben كرن (*karanu*) und ڭرن (*garanu*), das Wort *khaṇḍakhâdyaka* كندكاتك (*kandakâtiku*), ڭندڭاتك (*gandagâtiku*), كندڭاتك (*kandagâtiku*) und ڭندكاتك (*gandakâtiku*), das Wort *laṅkâ* لنك (*lanku*) und لنڭ (*langu*), das Wort *ashṭaka* in den Compositis مانسرتڭ (*mânsartagu* für *mânsâshṭaka*) und پورارتك (*pûrârtaku* für *pûrâshṭaka*)[1]. Und doch kann nur das eine richtig sein. Die Beantwortung der Frage, ob hier ein Übergang des tonlosen Gutturals in den tönenden vorliegt, wird je nach der Stellung desselben zu Anfang oder in der Mitte des Wortes, nach einem Consonanten oder Vocale, oder zwischen zwei Vocalen verschieden ausfallen. Dafs hier und da in Prakritischen und vernacularen Mundarten ein solcher Wandel auftritt, ergibt sich aus Hemacandra I, 182 (Pischel II, 44), den Beiträgen zur Grammatik des Jainaprâkṛit von E. Müller S. 4. 25, Hoernle § 102 und Beames I § 52. Es verdient besondere Beachtung, dafs auch schon in dem Prâkṛit der Piyadasi-Inschriften Tenuis und Media gelegentlich mit einander wechseln. Vgl. Sénart, Étude sur les inscriptions de Piyadasi im Journal Asiatique 1886 t. VIII S. 343. Trotzdem aber scheint mir das Schwanken der Schreibung zwischen ک und ڭ auf Schreiberwillkür und Unwissenheit, und nicht auf lautliche Gründe zurückgeführt werden zu müssen. Mag in Einzelheiten der Fachmann lautliche Unterschiede und Wandlungen erkennen, die sich meinem Auge entziehen, soviel scheint mir gewifs, dafs es keine Lautgesetze gibt, welche ein solches kritikloses Schwanken zwischen Tenuis und Media oder einen so weit ausgedehnten Wechsel zwischen ihnen zu rechtfertigen im Stande sind. Die Hds. schreibt zwei-

[1]) Im Cûlikâpaiśâci-Prâkṛit besteht der Wechsel von *g* und *gh* resp. zu *k* und *kh*, z. B. *nagaram* wird *nakaram*, *meghaḥ* wird *mekho*. Hemacandra IV, 325.

mal *kanyi* ڭنِي d. i. *gann*, was ohne Zweifel ein Fehler ist für كنِي d. i. *kanu*, denn in allen Formen, die für die Vergleichung in Frage kommen können, ist das *k* unverändert erhalten, vgl. Pr. *kaṁjâ*, S. *kañâ*, P. *kaṇâ* (Beames S. 341. 342).

Will man weder Fehler noch wirklichen Lautwandel im Indischen Munde als Ursache annehmen, so bleibt noch als dritte Möglichkeit der Erklärung die Annahme übrig, dafs der Ersatz der Tenuis durch die Media erst im Munde der Fremden, speciell erst in der Arabisirung durch Alberuni Statt gefunden, mit andern Worten: dafs er zwischen Tenuis und Media nicht unterscheiden konnte. Dafs in der dentalen Classe viele Tenues zu Mediae geworden sind, ist unleugbar und wird weiterhin bei den Dentalen zur Sprache kommen.

Dieselben Zweifel, welche hier in Betreff eines etwaigen Wechsels zwischen *g* und *k* vorhanden sind, läfst die Arabische Schrift auch hinsichtlich der cerebralen und labialen Consonanten-Classe (*j* und *c*, *b* und *p*) bestehen. Nur bei den Dentalen unterscheidet sie deutlich *d* د von *t* ت, aber die betreffenden Beispiele sind nicht zahlreich genug, um aus ihnen einen leitenden Gesichtspunkt für die Behandlung dieser ganzen Frage zu gewinnen. Wir haben es hier mit einem Mangel der Arabischen Schrift zu thun, der wahrscheinlich auch durch die Auffindung weiterer Handschriften nicht beseitigt werden würde.

k durch ق ausgedrückt findet sich sicher nur in قمرو *kâmarûpa* und قيرات *kirâta*. Ich halte dies für die volksthümliche Orthographie, die vermuthlich schon seit Langem feststand, als Alberuni schrieb.

ک = *kh* ist nicht selten, z. B. in ک *kha*, لکت *likhita*, کندکاتک *khaṇḍakhâdyaka*, اشمک *aśvamukha*, سانک *sâṅkhya*, متراک *mitrâkhya* u. a.

Viel weniger häufig als durch ک ist *kh* ausgedrückt durch خ, das sich zu dem Indischen Laut wie die Spirans zur Aspirata verhält, s. خار *khâri*, خرب *kharva*, نخرب *nikharva*, شخ *śikhi*, سخ *sukhâ*, نيلمخ *nîlamukha*, اكنمخ *agnimukha* u. a. Über رخت (*rakhta*) = *rakta* s. den Abschnitt von den Consonanten-Verbindungen. Das Wort *khadira* ist in zwei Weisen geschrieben, خَيَر und كذر. Wenn ich die Stelle (S. ٢٠٩, l. 2) recht verstehe, ist *khayar* (*khayaru*) ein Tadbhava, vernaculares Sprachgut, lautlich in der Mitte stehend zwischen Skr. *badara* und S. *beru* (Beames I S. 142), dagegen *kadhir* ein Tatsama d. h. direct entlehnt aus dem Sanskrit. Die gutturale Spirans خ ist dem Indischen Lautsystem fremd (s. Beames I S. 265). Es mufs also dahingestellt bleiben, ob in diesen Wörtern das خ nur eine ungeschickte Wiedergabe der Indischen Aspirata ist, oder ob man wirklich einmal die Spirans (vielleicht als eine Mittelstufe in dem nicht seltenen Lautwandel von Skr. *kh* zu vernacularem *h*, s. Hoernle § 116) gesprochen hat. Nach Trumpp, Grammar of the Sindhi language, introduction S. XIX, scheint in der That ein خ im Sindhi unter Umständen gesprochen zu werden. Vielleicht ist für diese Frage auch die Thatsache beachtenswerth, dafs das aus *sh* entstandene *kh* in der Mehrzahl der Wörter خ, nicht ک geschrieben wird.

kh, entstanden aus *sh*, wird durch خ ausgedrückt in بخان (*pûkhânu*, im Pr. auch *pûhâṇo*) *pûshâṇa*, خت *shaṭ*, بخو (*bikhû?*) *rishura*, اشریخین *śrîshena*, پوخ *pûshan*, برخبدهج *vṛishabhadhvaja*, گهوخ *ghosha*, پرخاد *purushâda*, نخده *nishadhâ*, تنخم *dhanushmant* u. a. Das Wort *varsha* kommt vor in drei Formen, als برش (*barshu*), برخ (*barkhu*) und بره (*barhu*). Die eigenthümliche Erscheinung, dafs das *sh* in einem und demselben Idiom zu gleicher Zeit in seinen zwei Spaltformen d. h. sowohl als ein Guttural wie als ein *s*-Laut auftritt[1]), scheint auch sonst in Indischen Dialekten nicht unerhört zu sein, vgl. z. B. S. *varĕhu* Jahr neben *vasaṇu* regnen (Trumpp, introd. S. XV und XL) und im P. *wurra* und *burus* = Jahr neben *wurkha* = Regen (s. Starkey, A Dictionary English and Punjabee u. d. W. year und rain), *varsṇâ* und *varhṇâ* = regnen (Dictionary of the Panjabi language, Lodiana 1854 S. 426). Alberuni schreibt جوتخ (*jotikhu?*) *jyotisha* neben جوتشم *jyotishmant*[2]), wie im P. *jotikhee* und *jotusee* (s. Starkey) = Astrolog, neben einander existiren. Das Sindhi hat neben einander *desu* und *ḍehu* = *deśa*, und *mâsu* und *mâhu* = *mâṃsa* (Trumpp, introd. S. XXX).

Dasselbe aus *sh* entstandene *kh* ist einzeln durch ک wiedergegeben, z. B. جکک (*cakaku*) *cashaka*, das neben جشک (*cashaku*) vorkommt; جاکشک (*câkshuku*) *câkshusha*, پراکجودک (*prâgjodikhu*) *prâgjyotisha*, شکهت (*shik-hitu*) *śishyahita*.

---

[1]) Nach Beruni's eigener Beobachtung, Übersetzung I, 359 und II, 198 kann das *sh* sowohl als solches wie als *kh* wie als *h* gesprochen werden.

[2]) Als dritte Schreibung kommt vor ک = *sh* in dem Worte پراکجودک *prâgjyotisha*.

kh durch قه in برقه, vgl. S. *barkhu*, Trumpp S. 158. 90, und Panjâbî *burkut*[1]).

g wird geschrieben گ (oft mifsbräuchlich ک), wie in گيتا *gîtâ*, ساگر *sâgara*, برگ *bhṛigu* und sonst. Neben گاندهار *gândhâra* (in Citaten aus dem Matsya und Vâyu Purâṇa) erscheint قندهار *gandhâra*, letzteres wahrscheinlich die volksthümliche, von Alberuni schon vorgefundene Orthographie.

Ferner erscheint hier ein *g*, das einem Sanskritischen *h* in der Verbindung *ṅh* entspricht und in dem Abschnitt von den Consonantenverbindungen besprochen werden soll. Daselbst s. über das *g* in dem Worte جاگنلك (*jâganalku*) *yâjñavalkya* und in جگم (*jagmu*) *yajña*.

gh wird geschrieben گ wie in لگ *laghu*, ميگ *megha*, گرت مند *ghṛitamaṇḍa*, سنگ *saṅgha* u. s. w. Die Schreibungen des *gh* mit گه in گهن *ghana* und mit غ in ميغبان *meghavant* sind ganz vereinzelt.

Der gutturale Nasal wie das Anusvâra vor Gutturalen werden in gleicher Weise durch ن ausgedrückt (شنك *śaṅkha*, سنگ *saṅgha*, شنكر *śaṅkara*, سانك *sâṁkhya* und sonst). Wenn wir دركشم mit *draṅkhshaṇa* (Fremdwort?) zusammenstellen dürfen, ist hier ein *ṅ* verloren gegangen.

Es ergibt sich aus dieser Übersicht über die Gutturale, dafs

1) die Arabische Transscription — abgesehen von der Verwechslung von ك und گ — wegen der Nichtunterscheidung des aspirirten Lautes von dem nichtaspirirten eine sehr mangelhafte ist, und

2) dafs das Sanskritische Lautsystem hier, abgesehen von Einzelheiten, um das aus *sh* entstandene *kh* vermehrt erscheint.

---

[1]) Ob diese Deutung und die Lesung برقه, die zweimal in der Hds. vorkommt, richtig ist, kann zweifelhaft sein. Nach S. 176, 14 des Arabischen Textes heifst der erste Tag jeder Monatshälfte بريه, das ich jetzt für identisch ansehe mit Hindî *parirá* (Kellogg, Grammar of the Hindi Language S. 102), Pr. *paḍivayâ* (Hemacandra I, 206) und Skr. *pratipad*. Vielleicht sind die Arabischen Schreibungen in der Weise mit einander in Einklang zu setzen, dafs anstatt برقه zu schreiben ist برقه (*pariva*?), was von بريه *pariba* lautlich nur wenig abweicht. Das ه am Ende würde als Persisches *he otiosum* zur Bezeichnung eines *a* finale anzusehen sein.

2) **Palatale:** *c* = ج (selten ز und ژ)
ch = چ
j = ج، ز، ژ
jh = ?
ñ = ن

Die Schreibung der Arabischen Handschrift leidet hier an dem Übelstande, dafs sie die beiden Zeichen ج und چ, durch welche die Laute *c* (*ch*) und *j* (*jh*) vollkommen deutlich hätten bezeichnet werden können, beständig mit einander verwechselt. So schreibt sie *Pañcâla* an der einen Stelle پانچال, an der anderen پانجال; in derselben Zeile بلوچن *Virocana*, aber جينت statt چينت *Jayanta*, ferner اكن جب statt اكن جب *Agnijihva*. Bei solcher Inconsequenz der Schreibung ist es aufserordentlich mislich Schlüsse über Lautwandel zu versuchen[1]).

c = ج oder چ in جامر *câmara*, اجارج *âcârya*, كانجى *kâñci*, جوت (*caut*) *caturtha*, und sonst häufig.

Über das aus *ts* hervorgegangene doppelte چ s. den Abschnitt von den Consonanten-Verbindungen.

Ganz vereinzelt ist die Bezeichnung des *c* durch ز *z* in مزكند *mucukunda*, und durch ژ *zh* in لوژن *locana*. Die beiden Zeichen gehören dem Persischen Alphabet an, scheinen aber dem Indischen Lautsystem fremd zu sein. Über ein in Bengalen gesprochenes *z* s. **Beames** I S. 71.

ch durch ج ausgedrückt, findet sich in dem Worte جند *chandas*; *cch* in مليج *mleccha*, كرجر *kricchra*, كج *kaccha*, كجار *kacchâra* u. s.

j wird allgemein ج geschrieben, so in جن *jina*, ارجن *arjuna*, كرتنج *kritañjaya* u. s. Die Sphäre des *j*-Lautes ist hier aber dadurch sehr erweitert, dafs das *y* allgemein d. h. das *y* im Wortanfang, im Inneren und am Ende der Wörter nach **Vocalen**, zum Theil auch **nach** Consonanten — in *j* übergegangen ist, vgl. **Beames** I S. 74 Beispiele: جو *yava*, جوژن *yojana*, جزربيد *yajurveda*, جمل *yamala*; اجودهه *ayodhyâ*, ترجارن *trayyâruṇa*, شيتمجوكمال *śitamayûkhamâlin*, اشوجج *âśvayuja*; باج *vâyu*, سرج *sarayû*, سبتاج *sphuṭâya*; شداج *shaḍâya*, بهومج (*bhaumju*?) *bhaumya*, سورج (*sûrju*) *sûrya*, آجارج (*âcârju*)

[1]) Die Handschrift schreibt جيمود (*cîmûdu*) für *jîmûta*, das im Cûlikâpaiśâcî *cîmûto* lautet. **Hemacandra** IV, 325. In diesem Dialekt wird *j* zu *c* und *jh* zu *ch*.

ácárya, كبيرج *kawerya*, مہاقیرج *mahávirya*. Die Art der zuletzt genannten fünf Fälle ist dadurch beschränkt, daſs nach einem später zu erwähnenden Gesetz ein unmittelbar auf einen Consonanten folgendes *y* in der Aussprache verschwindet. In Wörtern, welche diesem Gesetze zu widersprechen scheinen, dürfen wir vielleicht einen prosthetischen Vocal vermuthen und aussprechen *súriju*, *ácáraju*. Vgl. Jacobi § 32, E. Müller S. 19, Hoernle S. 77. 78 und Trumpp, introd. S. XV. Nahe verwandt sind Pr. *ácariya*, H. *acáraj* und S. *súriju* (Trumpp, introd. S. XXXVI).

Sehr merkwürdig ist die gar nicht seltene und in jeder Wortstelle vorkommende Wiedergabe des *j* durch ز *z*, z. B. in زرنک *jrińga*, بزر *vajra*, رازدهرم *rájadharma*, بزسرو *vijasrava*, پرزنه *parjanya*, برز *virajas*, انتز (*antazu*) *antyaja*, وزرہ برہم ہتت *vajrabrahmahatyá* u. s. Und da die Arabische Handschrift zwischen ز und ژ nicht unterscheidet, dürfen wir auch Schreibungen wie جوزن *yojana*, رازن *rájanya*, پاژج *pájaya* hierher ziehen.

Diese Schreibung ist nicht auf das ursprüngliche *j* beschränkt, sondern in gleicher Weise auf das aus *y* entstandene *j* angewendet, s. زاتر (auch ژاتر geschrieben) *yátrá*, زم *yama*, زوک *yúka*, پارزاتر *páriyátra*, هرزاتم *haryátman*, ہمزوک *himamayúkha* u. s. Es unterliegt keinem Bedenken anzunehmen, daſs das Indische *j* im Munde der Persisch redenden Muslims zu *z* geworden sei; ob aber in dem betreffenden Hindi-Dialekt die Schreibung der Handschrift durch einen Lautwandel von *j* nach der Richtung des *z* vorbereitet und an die Hand gegeben war, muſs dahin gestellt bleiben.

Über das aus *jv* hervorgegangene *j* s. den Abschnitt über die Consonanten-Verbindungen. Die Bezeichnung des *j* durch ش *sh* in dem Worte شنه = *jña* steht vereinzelt da, ist aber vermuthlich nicht bloſs eine Laune des Schreibers. Etwas ähnliches findet man bei Beames S. 303. 304, der die Schreibung جشن پور mit *Yajñapura* identificirt. Daſs sonst der Lautcomplex *jñ* eine andere Entwickelung durchmacht, wird weiterhin zur Sprache kommen.

jh ist nicht belegt. Der palatale Nasal *ñ* wird durch ن bezeichnet, s. کنجی *káñci*, پنچ *pañcan*, شنه *jña*. ترنجی (*turnjái?*) vgl. *tripañcáśat*.

Ein Palatal ist verloren gegangen am Ende des Wortes اشوج

(*ushanju?*) = *âśvajuya*, vgl. Hindî *asoj*, im Sindhi weiter verkürzt zu *asû*. Neben اشوج kommt auch die volle Form اشوجي vor.

Die Darstellung der Palatale ist beeinträchtigt durch die Verwechslung von ج und چ, ز und ژ. Der Lautbestand der Sanskrit ist in diesem Varga um das aus *y* entstandene *j* erweitert.

3) Cerebrale: *ṭ* = ت, د, ر und رت
ṭh = ت, رت
ḍ = د, ر
ḍh = ر
ṇ = ن، نر، ورن، ر

Bei der Wiedergabe der dem Arabischen und Persischen fremden Cerebrallaute herrscht eine gröſsere Mannigfaltigkeit der angewendeten Mittel, und ähnliche Zweideutigkeiten der Schrift wie bei den Gutturalen und Cerebralen sind hier nicht vorhanden.

ṭ wird in den meisten Fällen ت geschrieben, s. كتك *kuṭṭaka*, برات *virâṭa*, زمكوت *yamakoṭi*, كركوتك *karkoṭaka*, توق *truṭi*, بكهتك *vighaṭikâ* u. s.

ṭ durch د ausgedrückt, findet sich in آدي *âṭarya* und آرجبهد *Âryabhaṭa*. Das letztere Wort dürfte schon in der zweiten Hälfte des 9. Jahrhunderts unter den Arabern bekannt geworden sein. Vgl. zu diesem Lautwandel Hemacandra I, 195; Jacobi § 20, 2*a* und Beames I, 199. Im Cûlikâpaiśâcî-Prâkṛit wird *ṭ* zu *ḍ* und *ṭh* zu *ḍh*, s. Hemacandra IV, 325.

ṭ als in *r* umgelautet zeigt sich in لاردیش *lâṭadeśa* (Λαρικη), كهرى *ghaṭî*, انهلوارة *anahavâṭa*, vgl. Hoernle § 103: بر *vaṭa*, s. Elliot-Beames, Memoirs II, 254 (*bar*); S. *baṛu* (Trumpp, introd. S. XXIII).

ṭ erscheint als *rt* in dem Worte كورتى = *koṭi*, von dem die Apabhraṁśa-Form *kroḍi* (s. Hoernle § 135) der nächste Verwandte sein dürfte. In dem einzigen Worte ابشتهى = *ishṭin* ist das *ṭ* durch ته *th* ausgedrückt.

ṭh wird ت geschrieben in جتر *jaṭhara*, بسشت *vasishṭha*, جيرت *jyaishṭha*, پرمت *pramâṭhin*, متر *maṭhara* u. s. In dem einzigen Worte كنرت = *kunaṭha* scheint *ṭh* durch *rt* wiedergegeben zu sein (ebenso wie *ṭ* in كورتى *korṭi*).

ḍ durch د ausgedrückt, ist nicht selten, s. دمبه *ḍomba*, كند *gaṇḍa*, دند *daṇḍa*, كمندل *kamaṇḍalu*, جندال *caṇḍâla*, برهماند *brahmâṇḍa*, u. s.

Häufiger erscheint *ḍ* als *r*, z. B. كرب *kuḍava*, بيارى *vyâḍi*, بيدورج *vaiḍûrya* (im Prâkṛit *veruliа*, Beryll), شراشيتمخ *ṣaḍaśîtimukha*, جوراس *cû-*

ḍimaṇi, ڈری *niḍi*, بناری *viniḍikā*, کرک *khaḍga*, کرکدن *khaḍgadanta*. کوتوہر *kulūtalahaḍa*, دروڑ *draviḍa*, گرڑ *garuḍa*. In der Arabischen Handschrift ist ڈر oder ڈد kaum zu unterscheiden, ich halte aber ڈر für die bessere Lesart. Vgl. Hoernle § 104 und E. Müller S. 28.

ḍh ist nur durch ر vertreten, so in ارڈھک *aḍhaka*, کرور *kroḍha*, اشار *ashāḍha* (vgl. S. *akkaṛu*, H. *asāṛh*). Ganz vereinzelt ist die Schreibung von *ḍh* mit ت in بات = *vāḍha*, und die von *ḍh* durch ذ in کوذ = H. *kauḍhī* (*kauḍho*?), Skr. *kaparda*, s. Beames I, 200.

Der cerebrale Nasal *ṇ* ist in den meisten Fällen durch ن ausgedrückt, so in بشن *vishṇu*, اتکند *atigaṇḍa*, پران *purāṇa*, ارن *araṇa*, اندران *indrāṇī* u. s.

Als *r* erscheint es in den Wörtern مرمان (*marimāna*) = *maṇimant* und پرکر = *phaṇikāra*. Im Zusammenhang hiermit sind die beiden Wörter برنج (*barnij*) und پانرن (*pānrini*) zu erwähnen, von denen jenes *baṇij*, dieses *pāṇini* wiedergibt. Das letztere Wort kommt nur einmal vor S. ٦٠, 8, wo die Handschrift پانرت (*pānriti*) überliefert. Da es kaum zweifelhaft sein kann, daſs der bekannte Grammatiker hier gemeint ist, und die Lesart der Handschrift eine vernünftige Erklärung nicht zuläſst, dürfte es das nächstliegende sein پانرن (*pānrini*) zu lesen. Ich halte das *rn* und *nr* in diesem Fall für einen Versuch den eigenthümlichen Laut das *ṇ* zum Ausdruck zu bringen, der vielleicht damals schon ähnlich klang, wie ihn Trumpp S. 16 für das Sindhī beschreibt: „It is pronounced very hard and resembles much the compound *nr*“. Daſs aber *ṇ* direct in *r* übergeht, wie in مرمان und پرکار, ist mir sonst nicht bekannt. Das Wort اندی ist wahrscheinlich eine vernaculare Form von *eraṇḍa*[1]). In diesem Fall müssen wir das *n* in اندی als ein cerebrales auffassen, da es die ältere Lautgruppe *raṇ* vertritt.

Sehr merkwürdig ist die Wiedergabe von *ḍ* durch *ll* in منلل = *maṇḍa*. Daſs im Prâkṛit unter Umständen ein *ḍ* zu *l* werden kann, ersieht man aus Vararuci II, 23; Hemacandra I, 202; (vgl. auch Jacobi § 20, 2*a* und Beames I § 60); daſs aber ein *ḍ* durch *ll* ersetzt werden kann, ist sonst nicht bekannt.

---

[1]) Hindi *reṇḍi* (Beames I, 180).

In dem System der Cerebrallaute, wie es hier zu Tage tritt, zeigt sich eine bedeutende Einmischung des *r*-Lautes, womit die Bemerkung von Alberuni, Übersetzung II, 19 zu vergleichen ist.

4) Dentale: *t* = ت (ث), د (selten ذ)
th = ت (ث)
d = د, ذ, ت
dh = د, ده, ذ, ت (ث)
n = ن

t durch ت wiedergegeben, findet sich in zahlreichen Wörtern wie تیرت *tirtha*, تنببن *tumbarana*, شیتانش *śitâmśu*, سنگهت *samhitâ*, ترجکت *trijagat* u. a.

Die Schreibung *t* = ث in dem Worte بهارث = *bhârata* steht ganz vereinzelt da und dürfte nur die Erklärung zulassen, daſs der Verfasser diese Orthographie als eine in dem Gebrauch seiner Arabisch-Persischen Umgebung bereits allgemein recipirte vorfand.

t, merkwürdiger Weise durch د *d* wiedergegeben, ist gar nicht selten und findet sich in allen Wortstellen, s. دکشک *takshaka*, دورت, دورتر und دواشتر *trashṭṛi*, درتهام *tridhâman*; ادر *atri*, بدس *vatsa*, شدبش *śatabhishâ*, پراکجودک *prâgjyotisha*, اندردیب *antardvîpa*, شکد (neben شکت) *śakti*, جیمود *jîmûta*, امراود *amarâvati*, مردسنجیبن *mṛitasamjîvana*, نرد *nirṛiti*, سدهاند *siddhânta*, سدهاندک *siddhântikâ*, سامند *sâmanta*, درشدبد *dṛishadvati*, بهند *vasanta*, درمد *durmati* u. s. Ein Prakritisches oder vernaculares Gesetz, das einen so weit verbreiteten Wandel des tonlosen Dentals in den tönenden rechtfertigt, ist mir nicht bekannt. Als muthmaſslich verwandt wüſste ich nur die von Vararuci II, 7[1]) besprochenen Fälle anzuführen, *vaadam* für *rajata*, *sanjado* für *samyata*, *sampadi* für *samprati* u. s. w. Vgl. hiermit die Wiedergabe des *d* und *dh* durch ت.

In den Wörtern شذن = *śatam* und جذشپذ = *catushpada* ist *t* durch ذ ausgedrückt, womit die Schreibung eines ursprünglichen *d* durch ذ (s. folgende Seite) zu vergleichen ist[2]).

---

[1]) Über den Wechsel von *t* zu *d* im Śauraseni-Prâkṛit s. Hemacandra IV, 260. Über den Wechsel von *nt* zu *nd* das. IV. 261. Ähnlich im Mâgadhi-Prâkṛit das. IV, 301.

[2]) Das Wort سرودو würde hier zu erwähnen sein, wenn es von *śruti* abzuleiten wäre, was indessen durchaus zweifelhaft ist. G. Bühler vermuthet in dem Worte ein

Ein bestimmtes Gesetz, etwa dasjenige, dafs in der Volkssprache die dentale Tenuis nach einem Vocal zur Media wird, läfst sich aus den vorhandenen Materialien nicht nachweisen. Neben امراود für *amarávati* steht ايراوت *irávati*, und im Allgemeinen sind die Fälle, in denen die Tenuis wiedergegeben wird, bei Alberuni die häufigeren.

th wird gewöhnlich ت geschrieben, s. متن *mithuna*, پرتوی *prithivi*, پارتب *párthiva*, پرتوتک *prithúdaka*, پرستن *prasthána*, دشرت *daśaratha*, نت *nátha* u. a.

Es scheinen nur zwei Wörter vorzukommen, in denen *th* ث geschrieben ist, پرثم *prathama* und اثربن بيذ *átharvaṇaveda*. Eine lautliche Erklärung für diese Schreibung wüfste ich nicht zu geben, denn das Arabische ث ist eine Spirans, nicht Aspirata, hat also mit dem Indischen *th* nichts gemein. Dasselbe gilt von dem Arabischen ذ gegenüber von Indischem *dh*.

d durch د ausgedrückt, ist ganz gewöhnlich, s. دب *divya*, آدت *áditya*, اند *indu* u. a.

d durch ذ ausgedrückt, ist nicht selten, kommt aber nur im Inneren der Wörter und nach Vocalen vor, vgl. بيذ *veda*, نارذ *nárada*, پذم *padma*, مهاپذم *mahápadma*, كوذابرى *godávari*, جترانكذ *citrángada*, پذمناب *padmanábhi*, كذنب *kadamba*, اودنپاذ *uttánapáda*, اذرش *ádarsa*, اكش رسوذ *ikshurasoda*, كشيرذك *kshirodaka* u. a.

Ein Übergang des tönenden Dentals in die Spirans ist aus Indischen Lautgesetzen nicht zu rechtfertigen, und wir werden kaum umhin können uns Alberuni als unter dem Einflufs der in den älteren Persischen Handschriften üblichen Orthographie, nach welcher besonders das *d*, auf einen Vocal folgend, ذ geschrieben (und wohl auch gesprochen) zu werden pflegte, stehend zu denken.

Sehr auffällig ist die Wiedergabe des *d* durch ت *t*, also das grade Gegentheil von der soeben besprochenen Schreibung des *t* durch د *d*. Dies scheint nicht im Anfang der Wörter vorzukommen, ist aber in der Mitte und am Ende gar nicht selten. In der Mitte: بترپت *bhadrapada*, بهادرپت *bhádrapadi*, پرتوتک *prithúdaka*, شولدنت *súladanta*, auch كاذنك *khád-*

---

als Buchtitel auch sonst vorkommendes *sarvadhara*, in welchem Falle سروذر ein alter Schreibfehler für سروذر wäre.

yaka. Am Ende: ننت *nanda*, کست *kisadya*. Vgl. über den Wechsel von *d* zu *t* in dem Paiśâci-Prâkṛit Hemacandra IV, 307 (z. B. *tâmotara* für Skr. *dâmodara*).

Derselbe Übergang der Media in die Tenuis findet sich auch bei der dentalen Aspirata, welche sehr häufig in allen Wortstellen durch ت ausgedrückt ist, s. ترت *dhṛiti*, تتپاپ *dhutapâpa*, تنخم *dhanushmant*, ات ترت *atidhṛiti*, جتاتر *jaṭâdhara*, شرتن *śaradhaina*, مهيتر *mahîdhra*, شوراتپت *horâdhipati*, بهتانی *bahudhainya*, مات لوک *madhyaloka*, اشميت *aśvamedha*, موت *bodha*, کونت *kabandha*, رونکرت *rodhakṛit* u. s. Einmal wird *dh* ته (*th*) geschrieben in dem Wort درتهام *tridhâman*. Hier anzuschließen ist wohl auch die ganz singuläre Schreibung des *dh* durch ث in dem Worte درجوثن *duryodhana*.

Es ist demnach Thatsache, daſs Alberuni in der dentalen Classe Tenuis und Media mit einander verwechselt, daſs er Indisches *t* durch *d*, Indisches *d* und *dh* durch *t* wiedergibt. War dies eine Eigenthümlichkeit des Hindî-Dialektes seiner Umgebung, oder ist sie auf ein mangelhaftes Hören unseres Gewährsmannes zurückzuführen? — Was auch die richtige Erklärung sein möge, die Thatsache ist auch darum sehr beachtenswerth, weil sie ein eigenes Schlaglicht auf die Verhältnisse der gutturalen und palatalen Lautclasse wirft. Wenn *t* und *d* verwechselt wurden, so geschah dasselbe vielleicht auch mit ک *k* und گ *g*, چ *c* und ج *j*, und in der oben beschriebenen Schreibung der Arabischen Handschrift könnte ein derartiges Schwanken der Aussprache zwischen Tenuis und Media zum Ausdruck gekommen sein. Für den etwaigen Versuch auf diesem Gebiet eine Sichtung vorzunehmen ist meines Erachtens eine einzige Handschrift, deren Schreiber ohnehin von dem Vorwurf der Nachlässigkeit nicht freigesprochen werden kann (s. oben S. 11), eine nicht genügende Grundlage. Sehr wichtig erscheint in diesem Zusammenhang eine Regel des Hemacandra (II, 325), wonach im Cûlikâpaiśâcî die Mediae und Mediae aspiratae durch die Tenues und Tenues aspiratae ersetzt werden, s. Anmerkungen von Pischel II S. 177.

ddh = دّ *dd* in بدّ *buddha*, سدّ *siddha*, بملبدّ *vimalabuddhi* u. s.

dh durch د ausgedrückt ist häufig wie in درب *dhruva*, دد *dadhi*, بد *budha*, ابد *abdhi*, کبکند *kishkindha*, سند *saindhi*, درا *dhurâ*, دراشار *dhurâshâḍha* u. s.

dh, د geschrieben, ist nicht selten, s. دهرم *dharma*, دهات *dhâtṛi*, بدهات *vidhâtṛi*, سادهارن *sâdhâraṇa*, سدهانت *siddhânta*, ردهراند *rudhirânda*, برخبدهج *vṛishabhadhvaja*, دهن *dhanya* u. s.

dh, durch ذ ausgedrückt, ist ziemlich selten, s. اذومک *adhomukha*, بذذر *vidyâdhara*, مرگیاذ *mṛigavyâdha*.

n, durch ن ausgedrückt, ist häufig, s. نندن *nandana*, آنرت *ânarta*, دهن *dahana*, جلن *jvalana*, u. s. Im Wortende vertritt ن auch älteres *m* wie in ایکن *ekam*, دشن *daśam*, مانسوتن *mânasottama*, پوبشتن *pûpishṭami*, ماهاشتن *mâghâshṭami*, مساردن *misârdham*. in ستين ,اتين ,نون ,دشين = *saptama*, *ashṭama*, *navama*, *daśama* u. s., ebenso in der Schreibung نب = *mb*, z. B. كنب *kumbha*, انبر *ambara*, ایستنب *âpastamba* u. s.

Wenn die Überlieferung richtig ist, vertritt *n* ein älteres *l* in جترسان *citraśâlâ* und ein *r* in گونند *gonarda*, بيباون *vibhâvarî*, جين نبسن *ciranirvasana*, آننت *ânarta*. Vgl. den Nexus *ng* = *rg*, S. 32.

Über ت, د und ن, soweit sie ältere Lautgruppen wiedergeben, s. den Abschnitt von den Consonanten-Verbindungen. Ein *d* ist verschwunden in خير (*khayaru*) für *khadira*, wo ein *y* zur Vermeidung des Hiatus eingetreten ist (s. Hemacandra I, § 180 bei Pischel II, 43). Derselbe Vorgang in تيورى Τιάτουρα (*Tiatûrika?*), بيتّ (*biyattu*) *vitasti* (wie *amiya* = *amṛita* bei Cand, Journal of the Asiatic Society of Bengal vol. XLII S. 339, IX).

Am Wortende sind Dentale abgefallen in بهادرو = *bhâdrapadâ*, vgl. S. *badrô*, und in جنجوى = *yajñopavîta* (*janjavî?*), vgl. S. *janyo* (Beames I, 303 und Hoernle S. 23).

Nach Hemacandra I, 211 wird im Prâkṛit *sâtavâhana*, hier سانباهن, zu *sâlavâhaṇo*, hier سملواهن d. i. *samalvâhana*, eine Form, für die ich keine Erklärung finde. Vielleicht ist سملواهن verschrieben für سالواهن.

Das Dentalsystem des Sanskrit erscheint bei Alberuni vollständig, zeigt aber ein merkwürdiges Schwanken in der Aussprache, um nicht zu sagen: einen Wechsel zwischen der Tenuis und Media.

5) Labiale: p = پ (ب)

ph = پ

b = ب

bh = ب, به

m = م

In der Schreibung dieser Classe zeigt die Arabische Handschrift einen ähnlichen Mangel wie bei den Gutturalen und Palatalen, indem sie zwischen پ und ب nicht sorgfältig unterscheidet. Es ist hier wieder die Frage, ob wir es nur mit einer nachlässigen Schreibung zu thun haben, oder ob hier dasselbe Schwanken zwischen Tenuis und Media vorliegt[1]), das wir bei den Dentalen nachzuweisen in der Lage waren. Man wird ohne Bedenken mit der Handschrift (كشب) den Namen *kaśyapa*, *kashshibu*[2]) lesen, aber man wird kaum geneigt sein *dhruva* nach ihrem Vorgange (ذرپ) *dhrupa* oder gar *dhruppa* zu sprechen. Über den Übergang von *p* — vielleicht durch eine Mittelstufe *b* — zu *v* vgl. Beames I, 199. 200.

p, durch پ ausgedrückt, ist häufig, s. پورش *purusha*, کپل *kapila*, شبپور *śivapura*, پرهر *prahara* (Hindî bei Nâmdeu schon *pahar*), روپ (neben روب) *rûpa* u. s. Über das zu *v* gewordene *p* s. die Halbvocale.

ph ist durch پ ausgedrückt, s. اسپت (*asputa?*) *sphuṭa*, آسپج *asphujit*, پالگن und پاگن (vgl. S. phâgu, phaguṇu) *phâlguna*, پینگر *phenagiri*.

b durch ب wiedergegeben, s. بل *bali*. انبرش *ambarisha*, اهربدن *ahirbudhnya*; ebenso das aus *p* erweichte *b* in كشب (*kashshabu* und *kashshibu*) *kaśyapa*, سوباره Σούπαρα (*śûrpâraka?*)

In zahlreichen Fällen und in allen Wortstellen vertritt hier ب *b* Sanskritisches *v*, s. بیش *vaiśya*. بیرن *vivarṇa*, پرب *parvan*, (Pr. *parva*, H. *parab*, S. *pirbhu*), دبیپاین *dvaipâyana*, بنب *vaiyâva*. سیندب *saindhava*, برکبکتر *vṛikavaktra*, لب *lava*, پورب *pûrva*, تربکرم *trivikrama*, بیشنب *vaishṇavî*, رکشبام *ṛikshavin*, کرب (neben کرو S. ٧١, 4. nicht کرِ, wie im Index S. ٣٥٢) *kuḍava*, برن *varuṇa*, سبت *savitṛi*, برت *vṛitti*, ستباهن *sitavâhana*, جیبشرم *jivaśarman* u. s. Vgl. Beames I § 64 und Hoernle §§ 17. 18. 129.

Die Richtigkeit der Überlieferung vorausgesetzt, entspricht in

---

[1]) Im Cûlikâpaiśâcî-Prâkṛit wird *b* zu *ph* und *bh* zu *ph*, z. B. *bhagavati* zu *phakavati*, s. Hemacandra IV, 325.

[2]) In der Schreibung Indischer, in das Griechische übergegangener Wörter zeigt sich die Tendenz nicht allein das *p* durch *b*, sondern auch *k* durch *g* und *t* durch *d* zu ersetzen, und zwar im Inneren der Wörter nach Vocalen, falls dieselben nicht eine Prâkṛitische Doppelconsonanz vertreten. Vgl. Weber, Monatsbericht der Akademie der Wissenschaften zu Berlin vom 7. Dec. 1871, S. 623 und alle dort gesammelten Beispiele.

بيذخادت (*bedhaidhiti*) ein *b* einem Skr. *m*, denn es ist = *medhaidhṛiti*; ebenso in شكدمان = *śuktimân*.

bh wird ausgedrückt 1) durch ب, s. برمر *bhramara*, ابر *abhra*, سبينب *svayaṃbhû*, ببش *bhavishya*, بلب *vallabha*, بجديو *bhojadeva*, برگ *bhṛigu*, مهابوت *mahâbhûti* u. s.; 2) durch به, wie in بهوم *bhûmi*, بهگ *bhaga*, ببهو *vibhava*, بلبهدر *balabhadra*, دوسبهاو *dvisvabhâva*, بهوپ *bhûpa*, بهلمال *bhillamâla*, بهان *bhânu*, كنبهك *kumbhaka* u. s.

Über das zu *v* gewordene *bh* s. Halbvocale. *m* wird durch م bezeichnet, s. من *manu*, براهم *brahman*, جم *yama*, همنت *himavant*, اجوتم *ayutam* u. a.

Die Sphäre des *m* ist aber hier dem Sanskrit gegenüber mehr ausgedehnt, insofern als manche aus *v* entstandene *m* auftreten, z. B. in دمس (*dimasu*) *divasa*, vgl. die Bemerkung Alberuni's, Übersetzung I, 359), چرمنمت *carmaṇvati*, همنت *himavant*, مچى *vatsya*, جاگملك (*jâgamalka*) *yâjñavalkya*, سگريم (*sugrîma*) *sugrîva*, ferner مهاگريم, بيال گريم, گور گريم, ديرگ گريم *mahâgrîva*, *vyâlagrîva*, *gauragrîva*, *dîrghagrîva*.

Ferner scheint *m* in seltenen Fällen aus Skr. *n* hervorgegangen zu sein, s. بلبارهم *bilvarohiṇi*, جگم *yajña*, دركشم *drâkshâṇa*, und steht an Stelle eines älteren *b* in نرمدّ (*nirmaddha*) *nirbandhya*, شمر *śabara*, موت *bodha*. Wenn شكدمام und ركشبام = *śuktimân* und *ṛikshavân* sind, ist hier ein finales *n* zu *m* geworden.

Ein *p* ist verschwunden in ترنجاى (*taranjâi?*) *tripañcâśat* und in كامرو *kâmarûpa*, ein *bh* in جندراهه (*candarâha*) *candrabhâgâ*. Wenn die Schreibung رادجوتش *prâgjyotisha* (neben پرادجودك) richtig ist, so ist am Anfang ein *p* abgefallen.

Ein *m* ist verschwunden in dem Worte جون (*jaunu*) = *yamunâ*, vgl. Pr. *jauṇâ* (Vararuci II, 3).

Das System der Labiale zeigt hier die Veränderung, dafs *b* vielfach und in einer gewissen Anzahl von Fällen auch *m* statt Skr. *v* auftritt, dafs die Tenuis zum Theil in einem nicht controlirbaren Umfange in die Media übergegangen ist.

6) Halbvocale: *y* = ى
r = ر, ل
l = ل, ر
v = و, ف

y wird ی geschrieben, aber die Sphäre dieses Lautes ist hier sehr beschränkt theils dadurch, dafs er im unmittelbaren Anschlufs an einen vorhergehenden Consonanten verschwindet (s. Abschnitt von den Consonanten-Verbindungen), theils dadurch, dafs er in *j* übergegangen ist. Er findet sich in der Transcription von Sanskrit-Wörtern in allen Wortstellen, s. پریوتن *prayutam*, اين *ayana*, بیکت *vyakta*, ابیکت *avyakta*, بیاس *vyâsa*, کتین *kâtyâyana*, نايبهاش *nyâyabhâshâ*, ist dagegen selten in vernacularen Formen. Im Wortanfang kommt er überhaupt nicht vor, ausgenommen in یاک = *ekâdaśa*, vgl. H. *gyârah*, S. *yârahâ*, und im Wortinnern und Wortende erscheint *y* in der Regel nur an Stelle eines älteren stärkeren Consonanten, vgl. کنکاساير (*gangâsâyara*) = *gangâsâgara* (s. Jacobi § 20 Anm. 2 und Hemacandra I, 180); بیت (*biyattu*) *vitasti*, خير (*khayaru*) *khadira*, کایبش Καδφίσης, بروی (*birûi?*) *barodhi*, پوینتن (*pûyattanu*) *pûpa-ashṭami*, بياه (*biyâhu*) *vipâśâ*. Vereinzelt steht *y* an Stelle eines *r*, s. سرينيا *surenaras*, ساي *sâira*.

Über das *samprasâraṇa* s. den Abschnitt von den Vocalen. Über den Übergang des *y* in die Palatalclasse s. oben S. 15. 16.

r, durch ر ausgedrückt, ist ganz gewöhnlich, s. روچ *raucya*, هرن *hiraṇya*, خر *khara* u. a.

Aufserdem erscheint hier *r* nicht selten als Stellvertreter eines älteren *l*, s. پیر *pîla*, نیر *nîla*, بهاشیر *mahâśaila*, کری *kila*, کلوترم *kulûtalahada*, لاربکش *lâlibhaksha* (vgl. Hindî *lâr* für *lâlâ*), پرهاد *prahlâda*. Vgl. über diesen Lautwechsel Beames I, 247. 248; Trumpp, introd. § 11.

Über ein anderes aus *sh* hervorgegangenes *r* s. den Abschnitt über die Consonanten-Verbindungen.

Wenn meine Deutung des Wortes اندی = *aranda*, *eranda* richtig ist, ist hier die Silbe *ra* verloren gegangen (*araṇḍika*, *araṇḍi*, *anḍi*). S. das Wort bei Weber, Über ein Fragment der Bhâgavatî II, 289. 290 und Elliot-Beames, Memoirs etc. II, 219 (*arand*).

l, gewöhnlich ل geschrieben, wie z. B. in لوک *loka*, سل *sûla*, بلاگر *bâlâgra*, vertritt nicht selten die Stelle eines Skr. *r*. Beispiele: بلوچن (neben بروچن) *virocana*, پولب *paurava*, نلکش *niraksha*, کله *guruhâ*, شتلدر *śatarudra*, بهدرکل *bhadrakâra*. Vgl. E. Müller S. 32 und Beames I § 61. Über den verwandten Wechsel von *hr* zu *l* s. den Abschnitt über die Consonanten-Verbindungen.

v wird sowohl و wie ڤ und ف geschrieben. Beispiele: وزره برہ هت *vajrabrahmahutyâ*, ايراوت und ايراو *irâvati*, دانو *dânava*; شف (neben شو und شب) *śiva*, بشغامتر *viśvâmitra*, آفنيو *âvaneya*, بشف *viśva*, پاؤک *pâvaka*, ارجاقرت *âr-yâvarta*, افنت *avanti*, دجيشفر *deijeśvara*, مبانفمى *mâghanavamî*, مهافيرج *mahâvîrya*, ايشفر *îśvara*, سفرک *svarga*, سفرلوک *svarloka*, اشف *aśvin*, ميفار *Mevâr* u. a.

v steht vereinzelt an der Stelle stärkerer Labialen, so für *p* (vgl. E. Müller S. 28, Hemacandra I, 231) in كوبتل (*kavitalu?*) *kapishṭhala*, پرشاور *purushâpura* (?), und für *bh* in شرو *śarabha*.

v im Wortende vertritt ein älteres *y*, s. الو *âlaya*, ملو (neben ملى) *malaya*, سرو (neben سرج) *sarayû*, جو *jaya*, بخو *vishaya*, بيو *vyaya*, كرو *kshaya*, اسفستكجو *svastikajaya*, دننجو *dhanamjaya*, بريو *variyas*.

Dasselbe geschieht in der Endung *eya* und *iya*, z. B. مركنديو *mârkaṇḍeya*[1]), كارتكيو *kârtikeya*, ماهيو *mâheya*, كاليو *kâliya*, während in anderen Beispielen derselben Endung das *y* ganz verschwindet, s. آگنى *âgneya*, ميترى *maitreya*, جودى *yaudheya*, دسمى *dâsameya*, پنى *pâṇiya*. Wie Alberuni und seine Gewährsmänner den Auslaut dieser Wörter gesprochen haben, ist nicht ersichtlich. Ob *âgnê*, *maitrê*, *pâṇî*? — Auch in dem Worte شانته = *śântahaya* scheint ein finales *y* ausgefallen zu sein, ebenso in دهانكرهادها *dhyânagrahâdhyâya* (vgl. zu letzterem Prâkṛitisches wie *sahâo* = *sahâyo* (Jacobi § 7); اجردا *âyurdâya* (neben انشاج *amśâya*).

Ein *v* ist ausgefallen in dem Wort دبيالى = *dîpâvalî*.

Von der Rolle, welche *y* und *v* in Verbindung mit anderen Consonanten spielen, wird weiter unten die Rede sein.

Das hier zu Tage tretende System der Halbvocale weicht in vielen Stücken von dem Sanskritischen ab. *y* ist in der *Bhâshâ* fast nur noch als ein Zersetzungsproduct vorhanden; *r* und *l* wechseln vielfach mit einander, und die Sphäre des *v* ist dadurch erweitert, daſs es in vielen Fällen, besonders am Wortende, die Stelle eines *y* einnimmt.

---

[1]) Etwas ähnliches scheint im Prâkṛit der Piyadasi-Inschriften vorzukommen, z. B. *vasevu* statt *vaseyu* (Sénart, Etude sur les inscriptions de Piyadasi, Journal Asiatique 1886, t. VII S. 526—528, auch S. 502. Aus *Sarayû* scheint *Saravû* geworden, und daraus Σαράβος entlehnt zu sein, s. Weber, Monatsbericht der Akademie der Wissenschaften zu Berlin vom 7. Dec. 1871, S. 626.

7) Zischlaute: *ś* = ش
sh = ش
s = س
h = ه

ś, ausgedrückt durch ش, ist die Regel. Beispiele: شبد *śabda*, نشيش *niśesha*, اوشن *uśanas*, شيلستپت *śailasutāpati*, سدّهانش *saṃdhyāṃśa* u. a.

sh wird ش geschrieben, in شت *shaṭ*, راكشس *rākshasa*, پورش *purusha*, پشندل *pushaṇḍhila* u. s. Von dem Übergang von *sh* zu *kh* ist bereits oben S. 13 die Rede gewesen.

s, durch س bezeichnet, ist die Regel, s. سوم *soma* und *saumya*, سهسرن *sahasram*, اوشاس *uvāśvāsa* u. s.

Leider wird in der Handschrift zwischen س und ش nicht immer unterschieden. Das Wort *āshleshā* wird sowohl اشليش wie اشليس geschrieben, und Schreibungen wie كش *kasa*, خش *khasa*, ميساد *meshādi*, كشمنك *kusumanaga* sind augenscheinlich Fehler für كس, خس, ميشاد und كسمنك. In Folge dessen ist es schwer festzustellen, ob das Prâkṛitische Gesetz, nach dem *ś* und *sh* zu *s* werden, sich auch hier geltend macht. Vielleicht ist dies der Fall für *ś* in den Wörtern سنيسچر *śanaiścara*[1]), پسچم *paścima*, نسچير *niścira*, da die Handschrift hier niemals ش schreibt.

h wird durch ه wiedergegeben, s. هرن *hiraṇya*, پرهلاد *prahlāda*, براه *varāha* u. s.

h vertritt vielfach ältere, stärkere Laute:

ś in بياه (*biyâhu*) *vipâśâ*, كروه (neben كروش) *krośa* (P. *karoh*), دهمن *daśama*, اهوك (auch اشوك) *āśoka*, منكهر *mārgaśīrsha*; ياهي *ekādaśan*, دواهي *dvādaśan*, تروهي und تروهي *trayodaśan*, vgl. Beames I, 260; Hemacandra I, 165.

sh in اهارّ (vgl. آشار) *āshāḍha*, كيكند (neben كشكند) *kishkindha*; vgl. S. *pohu* = *pausha* bei Beames I, 259.

s in بهند (neben بسنت) *vasanta*; بره *varsha*. Über den Lautwechsel *sh*, *kh*, *h* s. oben S. 13 und Beames I, 355.

---

[1]) Dies Wort kommt zweimal vor als سنيشچر und سنيشچر. Diese Formen sind nicht Skr. (das wäre شنيشچر), noch Pr. (*saṇiccharo*) noch vernacular (H. P. *sanicar*, S. *śanicaru*).

kh in منهه *mukha*, vielleicht in بيرخان *raprakhâna* (?): *g* in جندراڨه *candrabhâgâ*, ديوڨر *devagriha*, بڨبور vgl. Βαμμογεῦζα, vgl. Hoernle § 116: *gh* in مڨاتني *mâghâshtami*, مڨتريتي *mâghatritiyâ*.

th in ماڤوره (ältere Schreibung مهره) *mathurâ*; vielleicht einen Labial in لوهرانى cf. Λαυιδαρι (hier umgesetzt zu *lobirâni*, = *lavanavâta*, s. Weber, Monatsbericht der Akademie der Wissenschaften zu Berlin vom 7. Dec. 1871 S. 626).

Dafs in der Bhâshâ ein *h* das Residuum älterer Aspiraten darstellt, ist nicht selten, vgl. Beames I, 266 ff.; ferner Hoernle §§ 116—120; Hemacandra I, 187.

Ein *sh* ist abgefallen am Ende von مركشر und منكشر (auch منكهر) *mârgaśirsha*, ein *h* in ماميك *mahâmegha*. Über ش als Vertreter eines *j* s. oben S. 16.

Die Zischlaute und *h* treten hier ebenso auf wie im Sanskrit, nur mit dem Unterschiede, dafs viele *sh* in *kh* übergegangen sind und dafs *h* vielfach ältere, stärkere Laute, besonders auch Zischlaute, vertritt.

Der Anusvâra wird im Wortinneren durch ن *n* bezeichnet, s. كنس *kaṁsa*, انش *aṁśu*, سند *saṁdhi*, سنجمن *saṁyamani*, u. a.

Ein parasitischer Nasal erscheint in dem Worte منبه *mukha*, der auch im Sindhî *muṅhũ* vorhanden ist, s. Trumpp p. 26. Dagegen ist ein Anusvâra verloren gegangen in den Wörtern پشندك *puṁs* + *shaṇḍhika* und دهنجيو *dhanaṁjaya*.

Der Visarga im Wortinnern verschwindet in انتشكل *antaḥsikâ* und نشاس (*nishâsu*) *niḥśvâsa*, ohne die im Prâkṛit beliebte Verlängerung des *i*, s. Pr. *nîsâsa* (Hemacandra I, 93; Beames I, 275), *nisâs* im östlichen Hindi (Hoernle § 22).

Umsetzungen von zwei Consonanten, besonders wenn der eine ein Nasal, Zischlaut, *r* oder *l* ist, kommen nicht selten vor, vgl. Alberuni's Bemerkung über die Metathese in den Wörtern بخو und شبو = *vishaya*, Übersetzung II, 188. Zu بخو vgl. *bikhai* bei Nândeu (Trumpp, Die ältesten Hindui-Gedichte S. 48). Beispiele: بلهو *pahlava*, سهه *suhma*, شبك *piśika*, اوامارس *amârâsi*, ككرذ *karkâdi*, مارك *mâkara*, پريريت *priyavrata*, بهروچ vgl. Βαρύγαζα, بنارسي (neben بارانسي) *vârâṇasî*, s. Hemacandra II, Beames I, 276 und Hoernle § 133). Eine solche Metathese liegt wohl auch vor in بهنوا *bamhanrā* = *brāhmaṇacāṭa*, vgl. Mahârâshṭri *bambhaṇa* = *brāhmaṇa*, Jacobi § 34.

Wenn meine Deutung von تورتز = *gauritṛitiyā* richtig ist, haben wir hier eine besonders starke Reduction des Lautbestandes. Ähnliches in تريه *tṛitiya*, چوت (*caut*) *caturtha*.

Das Wort پنچاهی (*pancāhī*) in der Bedeutung der 15te ist mir unerklärlich, denn das einzige, was man vergleichen könnte, *pañcāh* im Panjabi und Sindhî heifst nicht 15, sondern 50. Eine weitgehende Lautreduction findet sich in dem Worte چاماه, falls es aus *caturdaśī māgha* entstanden ist.

Ein Beispiel der Lingualisirung eines Dentals durch vorhergehendes *r* liegt vor in dem Worte اپردرش (*aparidirshu*, *apaḍidirshu*) = *apratidhṛishya*. Vgl. Jacobi § 21, 4. Derselbe Vorgang vielleicht auch in بريه = *pratipad*. s. Anm. zu S. 14.

B. Consonanten-Verbindungen.

Die für die Geschichte der Mittel- und Neu-Indischen Dialekte so sehr charakteristische Behandlung der Consonanten-Verbindungen läfst sich hier an einer gröfseren Anzahl von Beispielen vollkommen deutlich darlegen. Über alle den Consonantismus betreffende Fragen gibt die Arabische Schrift genügende Auskunft, dagegen läfst sie uns vielfach im Stich, wo es sich darum handelt die den organischen Bau der Wörter zum Theil stark umgestaltenden Einflüsse der hier zu besprechenden Wandlungen auf den Vocalismus im Einzelnen nachzuweisen. Beames bezeichnet diese Verbindungen mit dem Ausdruck Nexus, den ich seiner Kürze wegen beibehalten möchte, und vertheilt sie zu einer bequemen Übersicht in drei Gruppen:

I. Den starken Nexus, bestehend ausschliefslich aus starken Consonanten;

II. Den mittleren Nexus, bestehend aus starken und schwachen Consonanten, und

III. Den schwachen Nexus, bestehend ausschliefslich aus schwachen Consonanten.

Stark sind die Tenues, Mediae und Aspiratae der fünf Vargas, **schwach** die Nasale, Zischlaute und Halbvocale.

I. Merkwürdig wenig ist hier der starke Nexus vertreten und die im Prâkṛit so consequent durchgeführten Assimilations-Gesetze treten hier nur ganz sporadisch auf.

1) *tp* = پ in اوپل *utpala*. Man würde nach Prâkṛitischem Vorgang *uppala* erwarten, aber die Handschrift schreibt ein langes *û*, sodafs wir das Wort *ûpala* lesen müssen. Die Doppelconsonanz ist aufgegeben und der vorhergehende Vocal verlängert, ein Vorgang, der ebenso im Mahârâshṭri vorkommt, vgl. *ûsara* = *utsara* bei Jacobi § 12.

2) *pt* = ت in ستي *saptama*. Ob *sattia* zu lesen? — Vgl. Sindhî *satỗ* ohne Verdoppelung, dagegen im Pr. *sattama*.

3) *kt* = خت in رخت (neben ركت) *rakta*. Über die Schreibung des *kh* mit خ s. oben S. 12. 13. Nach Prâkṛitischen Gesetzen würde man *ratta* erwarten. Hierher dürfte auch das Wort بخت *bhukti* zu ziehen sein. Man erwartet *bhutti* (Hemacandra II, 89), aber die Handschrift schreibt *buht*, das doch wohl durch eine Mittelform *bukht* aus *bhukti* entstanden sein mufs. Dafs das خ *kh* in Alberuni's Hindî zu ه *h* werden kann, bezeugt er selbst I, 359 mit dem Beispiele بره *barhu* neben برخ *barkhu* (aus *varsha*).

4) *bj* = ج in كنوج = *kanyakubja* (*kanakkujjo*, *kanaujjo*, *kanauj*).

5) *dg* = ڭ, *rg* in كركدن *khaḍgadanta*, das in der Form *karkadannun* arabisirt ist. Vgl. über die Formen des Wortes *khaḍga* Beames I, 284. 285.

Wo sonst starke Consonanten in unmittelbarer Verbindung zusammentreffen, bleiben sie unverändert.

II. Sehr zahlreich sind dagegen die Belege für den mittleren Nexus, die Verbindungen von starken Consonanten mit schwachen. Was zunächst die Zischlaute betrifft, so werden sie, einerlei ob sie vorhergehen oder nachstehen, dem starken Consonanten assimilirt. Ob überall die Verdoppelung beibehalten oder ob der doppelte Consonant durch einen einfachen ersetzt worden ist, wovon wiederum die Länge oder Kürze des vorhergehenden Vocals abhängt, kann auf Grund der Arabischen Handschrift nicht für alle Fälle entschieden werden, da sie oft das Verdoppelungs-Zeichen oder Tashdîd nicht schreibt, wo es nachweislich stehen sollte.

Wir werden uns daher darauf beschränken müssen zunächst jeden einzelnen Fall besonders zu untersuchen.

1) *shṭ* in der Mitte = ت (in Pr. *ṭṭh*) in اتين *ashṭama*. Wir müssen lesen *attin* oder *atin*. Das Doppelte ت ist bezeugt für پوتّن (*payattanu*) = *pipishṭami*, ein nicht verdoppeltes für مباتن (*mahâtanu*) = *mighâishṭami*. Ferner s. سراتر (*surâtru*) *surâshṭra*, wo man nach Prâkritischen Gesetzen *surattu* erwarten würde. Eine dritte Form, in der *shṭ* hier auftritt, ist رت *rt*, welche älteres *ṭṭh* vertritt. Beispiele: سـارتم (*sâgârtamu*) *śikâishṭami*, مانسرتك (*mânsartaga*) *mânsaishṭaka*, پورارتك (*pârârtaku*) *pârishṭaka*. Inconsequent ist in den letzten drei Beispielen die Behandlung der Vocale: In *mânsartaga* ist nach Prâkritischem Gesetz der lange Vocal vor der Doppelconsonanz verkürzt, in den beiden anderen Fällen ist er unter gleichen Bedingungen unverändert geblieben. Ferner s. ارت (*artu?*) *ashṭan*, vgl. Pr. *aṭṭha*; ات ارت *atyashṭi*, ارت *ashṭi*, دورت *trashṭri*.

2) *shṭy* wird د in شدبد = *shashṭyabda*, das wohl *shaddabdu* zu sprechen sein dürfte.

3) *shṭri* = رت *rt* in دورت (*durartu*, neben دورتر) *trashṭri*.

4) *shṭh* = رت *rt* in جيرت *jyeshṭha* und *jyaishṭha*, wohl zu sprechen *jêrtu* (Pr. *jeṭṭho*). Vgl. hiermit die falsche Lesung رنجيرت (*rinajyeshṭha*).

5) *shṭh* = ت in دويتل, der vernacularen Form für *kapishṭhala* (neben Sanskritischem كبشتل), zu lesen *karitalu*. Man würde erwarten *kârittalu*, aber die Verdoppelung ist aufgegeben und in Folge dessen der vorhergehende kurze Vocal verlängert. Vgl. hiermit den vernacularen Namen *Kaithal* (G. Smith, Geography of British India p. 215).

6) *shk* = خك *khk* in پخكلاوت *pushkalâvati* (vgl. oben S. 30 رخت = *rakta*) und = *hk* in كيخند *kishkindha*, während im Pr. *shk* zu *kkh* wird.

7) *ksh* = *kr* in تكرشل *takshasila*, كرو *kshaya*, كردمين *kshudramâna*, كيرسمدر *kshirasamudra*, und = خ (im Pr. *kkh*) in كركيتر (*kurukketru*) *kurukshetra*. Vielfach bleibt es unverändert, so in تكش *taksha* (Hindi bei Nâmdeu *takkha*), كشير *kshira* (Hindi das. *khir*, S. *khira*).

8) *sth* = ت *t* in تن (*tânu*) *sthâna*, تنيشر *sthâneśvara*, مولتان *mûlasthâna*.

9) *st* = تّ in بيتّ (*biyattu*) *vitasti*, هتّ (*hattu*) = *hasta* (vgl. Pr. *hattho*, S. *hathu*, H. *hâth*), und = ت *t* in پوتی *pustaka* (*pustakikâ?*), vgl. Pr. *potthao* und H. *pothi*: سوات Σοάστος.

10) *ts* = چ *cc* (im Pr. *cch*) in سنبچر (*sambaccara*) = *samvatsara*, اوچرپنی *utsarpiṇi*, ادبچر *udvatsara*, مچّی *vatsa*, مچّ (neben متس) *matsya*, مچّان *mätsyän*. Vgl. Hemacandra II, 21.

11) *kr* = ک *k* in اشکرنی[1]) *shakruṇá*, wohl zu sprechen *shakkunu*.

12) *rk* = کّ *kk* in سکّر (*sakkaru?*) *śarkara*.

13) *gr* = گ *g* in بالاگ (*bâlâgu*) *bâlâgra*.

14) *rg* = *ng* in منگهر (*mangahiru*, *manghiru*) und منگشر *mârgaśirsha*, das neben مرگشر (*margashiru*) vorkommt, vgl. S. *manghiru*. Im Pr. wird *rg* zu *gg*. Der hier auftretende Nasal findet sich aus sonst unter ähnlichen Verhältnissen, vgl. z. B. Skr. *mudga*, Pr. *muggo*, S. *muṅgu* bei Beames I, 286.

15) *lg* = *g* in پاگن (*pâgunu*) = *phâlguna*, vgl. S. *phâĝuṇu* und Cand bei Beames, Journ. of the As. Soc. of Bengal, vol. XLII S. 175 unten.

16) *jñ* = نج *nj* in جاننج بلک *yâjñavalkya*, جنجوی *yajñopavita*: = گ *g* in جاگ ملک (vgl. Hoernle § 37) *yâjñavalkya*; = گم *gm* in جگم (*jagmu?*) *yajña*, und = شن *shn* in شنه *jña*. Die Umstellung von *jñ* zu *ñj* gilt für eine Eigenthümlichkeit des Śauraseni Prâkṛit, und die Form *jâga* statt *yajña* findet sich im Hindî (Beames I, 302. 303).

17) *rj* = ج *j* in بهوج *bhûrja*, کجوراهه *kharjûrabhâga*, vgl. Hemacandra II, 24.

18) *nt* = تّ *tt* in شولتتّ *śûlatanta*, کتّل *kuntala*.

19) *tr* und *ṭr* = ت *t* in توتي *truṭi*, اوشت کرن *ushṭrakarṇa*.

20) *dy* = ج *j* in اوجانمرور *udyânamarûra* (?).

21) Im Anlaut ist von *dv* das *d* abgefallen und das *v* zu *b* geworden in بیه = *dvitiya*, vgl. S. *bîâ*.

22) *dr* = د *d* in پلند *pulindra*, s. Hemacandra II, 79.

23) *dhy* = ده *dh* in مده? = *madhyama*.

24) *dhr* = د *d* in رند *randhra*.

25) *ndh* = دّ *dd* in سیردّ *sairindha*.

26) *ndhy* = دّ *dd* in سدّانش (*saddânsha*) *sandhyâmśa*, نربدّ *nirbandhya*.

27) *mb* = م *m* in دوم *domba*.

28) *br* = ب *b* in بمهوا *bamhavai* = *brâhmaṇavâṭa*.

---

[1]) Vielleicht ein Schreibfehler für *makruṇá* (Lesart des Vâyu-Purâṇa).

III. Der schwache Nexus, die Verbindung schwacher Consonanten mit einander, ist ebenso wie der mittlere mit mancherlei Beispielen zu belegen.

1) *śv* scheint zu *cc* geworden zu sein in پتچر *patheśvara*.

2) *shṇ* = رن *rn* in پیورن *payoshṇi*.

3) *shy* = کھ *kh* in شکھت (*shikhitu*) *śishyahiti*.

4) *ṁh* = نگ *ng* in سنگ (*singu*) *siṁha*, نارسنگ *narasiṁha*, سنگلدیپ *siṁhaladvîpa*, نرسنگ بن *nṛisiṁhavana*, oder = نگھ *ngh* in سنگھت (*sanghitu*) *saṁhiti*, سنگھک *siṁhikâ*, سنگھل *siṁhala*. Über den ähnlichen Lautwandel im Prâkṛit s. Hemacandra I, 29 Anm. des Herausgebers, ferner Hoernle § 38.

5) *ṁn* = نّ *nn* in کنّر *kiṁnara*.

6) *ṁs* = س *s* in کستگھن *kiṁstughna*.

7) *ṇv* = نم *nm* in چرمنمت *carmaṇvati*.

8) *hl* = هر *hr* in پرهراد *prahlâda*; = *l* in لادنی *hrâdini*, und = رّ *rr* in انرّاد *anuhlâda*.

9) *hy* = ج *j* in سج *sahya* und = ژ *zh* in سژ *sahya*, vgl. Jacobi § 30, 2.

In Betreff der Verbindungen von Consonanten mit *y* und *v* haben wir es hier mit einem allgemeinen Gesetze zu thun, einem Lautgesetz, welches gradezu das Schibboleth des bei Alberuni überlieferten Hindî-Dialektes bildet. Es trennt denselben in prägnanter Weise von dem Prâkṛit, ist mit einer merkwürdigen Consequenz durchgeführt und findet in jeder Wortstelle Anwendung. Das Gesetz lautet: Ein jedes auf einen Consonanten unmittelbar folgendes *y* oder *v* verschwindet (ausgenommen nach *h* und *r*). Vgl. Hoernle § 144.

Wie es scheint, soll ursprünglich zum Ersatz der die Stelle behauptende Consonant verdoppelt werden, und nach meinem Dafürhalten tritt durch die Verdoppelung in den meisten Fällen wirklich ein. Im Wortanfang ist sie unmöglich, vgl. دتّ *duti* = *dyuti*. Wie weit sie im Wortinneren durchgeführt ist, können wir, da der Arabische Schreiber in der Setzung des Verdoppelungs-Zeichens sehr lässig und willkührlich vorgegangen ist, nicht genau controliren. Im Wortende ist die Verdoppelung oft vorgeschrieben, s. هرنّ *hiraṇṇu* = *hiraṇya*, Pr. *hiraṇṇo*; dementgegen scheint es aber auch Fälle zu geben, in denen der betreffende Consonant einzeln gesprochen wird, z. B. آدت *âditu* = *âditya*, wo man *âdittu* lesen würde, wenn nicht das S. *âditu* zur Vorsicht mahnte. Übrigens ist das Verdoppelungs-Zeichen in dem Worte, nämlich in ادتّ هور vorhanden, falls dies = *âdityapura* ist.

Die folgenden Beispiele sind in vier Gruppen geordnet:

y 1) nach Verschlufslauten,
2) nach Nasalen,
3) nach *v* und *l*, und
4) nach den Sibilanten.

Beispiele ad 1) كاتين *kâtyâyana*, دت *dyuti*, دتمان *dyutimant*, سندهانش *sandhyâmśa*, اودوك *udyoga*, پردمن *pradyumna*, اندردمن *indradyumna*, ستدمن *satadyumna*, مدّديش *madhyadeśa*[1]), بدّادر *vidyâdhara*, مرتسار *mṛityusâra*, جوتخ *jyotisha*, جوت *jyoti* (Hindî *jot*), جرن *cyavana*, بدجب *vidyujjihva*, دهانكرهادهيا *dhyânagrahâdhyâya*, ساتك *satyaka*, بندهمول *vindhyamûli*, ستّ *satya*, ليك *likhyâ*, بنرج *vanarâjya*, كنب *kâvya*, روچ *raucya*, انت *antya*, سانك *sânkhya*, ديوبج *devejya*, برنچ *viriñcya*, ملند *malindhya*, ناسك *nâsikya*, بند *vindhya*, مرت *mṛityu*, بهوت *bhautya*, انست *agastya*, بكرمادت *vikramâditya*, داكشنات *dakshinâtya*, كست *kisadya*, شحبد *shashtyabda* (s. oben S. 31), متراك *mitrâkhya*, جانج بلك und جاكّ ملك *yâjñavalkya*, جيت *jyaishṭha*, بلراج *balirâjya*, انتز *antyaja*, كندكاتك *khaṇḍakhâdyaka*[2]), مات لوك *madhyaloka*, شكيت *śishyahitâ*, آدت (*âditu*[3]) *âditya*, دبت *daitya*.

Beispiele ad 2) هرن[4]) *hiraṇya*, جاموددّ *yâmyodadhi*, هرنكش und هرّاكش *hiraṇyâksha*, نيبهاش *nyâyabhâshâ*, نربد *nyarbuda*, ريني *rainyâ*, شون *śûnya*, پون[5]) *puṇya*, جمّ *yâmya*, سوم *saumya*, پرزنه *parjanya*, رازن *râjanya*, كنّ *kanyâ*, دهرمارن *dharmâraṇya*, بهتان *bahudhânya*, اهربدن *ahirbudhnya*, نگرد *nyagrodha*, ارن *araṇya*.

[1]) Über *madhya* und Verwandte s. Hoernle § 165.

[2]) Im Sindhî ist *khâdya* zu *khâju* geworden.

[3]) Im Hindî des Nâmdev wird aus *acintya*, *acimti* (Trumpp, Die ältesten Hinduî-Gedichte S. 8. 13). Im Sindhî ist Skr. *nitya* zu *nitu* geworden (Trumpp, introd. S. XXXVI).

[4]) d. i. *hiraṇṇu*. In dem Mâgadhî und Paiśâcî-Prâkrit wird *ny* zu *ññ*, s. Hemacandra IV, 293. 305.

[5]) d. i. *pûnu*, das schon im Prâkrit der Piyadasi-Inschriften vorkommt (*pûnam*), s. Sénart, Journ. Asiatique 1886 t. VIII S. 343.

Beispiele ad 3) مالونت *mályavant*, كلان برم *kalyáṇavarman*, پدم تل *padmatulya*, بشلكرن *viśalyakaraṇa*, شل *śalya*, رشكل *ṛishikulyá*, جول *caulya*. Die Beispiele für *v* + *y* zeigen Verhärtung des *v* zu *b* in كرب *kravya*, سدب *sudivya*, منڈب *maṇḍavya*, مرگ باد *mṛigavyádha*.

Eine Ausnahme von dieser Assimilation findet Statt für den Nexus *ry*, der zu *rj* umgestaltet und wahrscheinlich durch einen eingeschobenen Vocal aufgelöst wird, s. اجارج *ácárya*, سورج *súrya*. S. oben S. 16 und Jacobi §§ 32. 31.

Beispiele ad 4) دشنت *dushyanta*, كشب *kaśyapa*, بيش *vaiśya*, بهش und بهبش *bhavishya*, تاركش *tárkshya*, تش *tishya*, شش *śishya*, (S. *sikhu*), ابردرش (*aparidirsha*) *apratidhṛishya*, رش *ṛishya*, متس und مچهـ *matsya*.

Auf die Lautverbindung *hy* findet diese Assimilation keine Anwendung, s. oben S. 33.

Beispiele für die Verbindung von Consonanten mit *v* sind weniger zahlreich: بين *veṇvá*, نل *nalva*, ديب *dvípa*, جلن *jvalana*, ست *satva*, منتر *manvantara*, چرمنوت *carmaṇvati*, اشتام *áśvatthámán*, اسمك *aśvamukha*, سال *sálva*, سرست *sarasvatí*, بهدراس *bhadráśva*, ديانت *divyatattva*, سمرتك *samvartaka*, اشميت *aśvamedha*, چرمديب *carmadvípa*, برخبدهج *ṛishabhadvaja*, مهاجال *mahájvála*, دجيشر *dvijeśvara*, نشاس *niḥśvása* (vgl. S. *sáhu* bei Beames I, 259), اگن جب *agnijihva*, بدجب *vidyujjihva*, vgl. Pr. *jibbhá* und *jihá* (Hemacandra I, 92; Jacobi § 34) und S. *jibh*.

In dem Worte *svapna* (angenommen von Beames) wird der Nexus anders behandelt. Es lautet im Pr. *siviṇṇo* oder *siviṇo*, vgl. Beames I, 199: Hemacandra I, 46. Bei Alberuni scheint *siviṇo* zu *sino* geworden zu sein, denn ديوسيني ist = *devasvapanika* (*svapanikâ?*). *Siviṇika* ist zu *siviṇi* und weiterhin zu *sini* geworden. Über die Verwandlung des Lautcomplexes *ivi* zu *í* s. E. Müller S. 24.

Wenn es dem Autor daran liegt das Sanskrit möglichst genau wiederzugeben, kann er natürlich das *y* und *v* auch hier ausdrücken. So schreibt er einmal ديبپ *dvípa* neben ديب (*dibu*). Aber für das vernaculare Sprachgut ist das Gesetz allgemein gültig, und auf die Aussprache des Sanskrit ist es in zahlreichen Fällen übertragen worden.

Im Mahárásh[ṭ]ri Prákṛit findet sich dieselbe Erscheinung, vgl. Jacobi

§ 28, 1 *a* und *b*: 2 *a*; 3 und 4. Einige Combinationen wie z. B. *tsy* lassen eine doppelte Behandlung zu; sie können entweder zu *ts* oder zu *cch* werden, und beides findet sich hier z. B. in der Schreibung des Wortes *matsya* als متس *matsu* und مچّ *maccu* (Pr. *maccho*). Dieselbe doppelte Tendenz findet sich auch im Sindhi, vgl. Trumpp § 15 γ, und wegen *v* S. XL, *d*.

Wenn, sei es in Folge dieses Gesetzes, sei es aus andern Ursachen ein Doppelconsonant entsteht, so soll

1) ein vorhergehender langer Vocal verkürzt, und

2) ein vorhergehender kurzer Vocal unverändert bleiben.

3) Wird der Doppelconsonant auf einen einfachen reducirt, so bleibt der vorhergehende kurze Vocal entweder unverändert oder er wird verlängert. Vgl. Jacobi §§ 11. 13; Hoernle §§ 146. 147. Vor einem Zischlaut soll in diesem Fall im Prâkṛit nach Hemacandra I, 43 der Vocal verlängert werden, z. B. *kâsavo* für *kaśyapaḥ*.

Ad 1) ist zu bemerken, dafs die Verkürzungen zuweilen vorkommen, dafs aber die Beibehaltung der Länge das gewöhnlichere ist. Vgl. بنرج *banarojja* = Skr. *vanarâjya*, مچان *maccânu* = *mâtsyân*, رشکل *rishukulli* = *ṛitukûlyâ*, neben شون *shûnu*[1]) = Skr. *śûnya*, کاب *kâbu* = *kârya*, کاتين *kâttâyanu* = *kâtyâyana* u. a.

Ad 2) s. Beispiele wie هت *hattu* = *hasta*, تش *tishshu* = *tishya*, ست *sattu* = *satra*.

Belege für 3 *a* sind z. B. کن *kanu* = *kanyâ*, ادت *âditu* = *âditya* (S. *âḍitu*).

Für 3 *b* پون *pûnu*[2]) = *puṇya*, اوپل *ûpalu* = *utpala*, ليک *liku* = *likhyâ*, اودوق *ûdoqu* (*uddoqu*?) = *udyoga*, مات لوک = *madhyaloka*, ساتک *satyaka*, اوجين (*ûjênu*?) = *ujjayinî*, اوجرپن *utsarpiṇi*. Vgl. übrigens S. 39, und Hemacandra I, 114.

Das letztere, d. h. die Dehnung des Vocals ist das gewöhnliche im Hindî, sodafs z. B. aus Skr. *hasta*, Pr. *hattho* die Form *hâth* entsteht[3]),

---

[1]) Sindhî: *sunno* (Trumpp, introd. S. XXVII. XXXV).

[2]) Sindhî: *punî*.

[3]) Bei Nâmdeu *kâti* aus *kartri*, *pâti* aus *paṅkti*, *âna* = *anya*, *sâpu* = *sarpa* (Trumpp, Die ältesten Hinduî-Gedichte S. 40. 43. 31). Dagegen im Sindhî bleibt der kurze Vocal *sapu* = *sarpa*.

während im Sindhî und Panjâbî die Kürze bestehen bleibt. Alberuni's Hindî schliefst sich in dieser Beziehung näher an das Sindhî und Panjâbî als an das Hindî an.

Bei der Behandlung der Consonantengruppen darf auch die Einschiebung eines Schwa-artigen Vocales, in der Indischen Grammatik *Svarabhakti* genannt, nicht übergangen werden. Er findet sich hier im Anlaut von Wörtern, die mit einem Zischlaut beginnen: اشويت *śveta*, اشريخين *krishena*, اسكند *skandha*, اشرين *śravana*, اسپت *sphuṭa*, اشرنكونت *śriṅgavant*, استرى راج *strîrâjya*[1]). Bei dem Worte *strî* kennt das Prâkṛit diesen Vorschlag auch, *itthî*, vgl. Hemacandra II, 130 Anm. von Pischel. Im Wortinneren in تُوَشْت *turashta* und دُوَرْت *duvarta* = *trashṭri*. Wo in Consonanten-Verbindungen wie *ry* und ähnlichen das *y* nicht verschwindet, sondern als *j* erhalten bleibt, müssen wir einen solchen prosthetischen Vocal als eingeschoben denken, s. oben S. 16.

[1]) Vgl. Panjâbî *istree* (Starkey), das wohl Tatsama ist. Über die vernacularen Formen s. Beames I, 171.

II.

Vocalisches und Nominalauslaut.

A. Vocalisches.

Rücksichtlich der Vocalbezeichnung ist die Arabische Schrift noch weit weniger als für die Consonanten geeignet die lautlichen Details eines Hindi-Dialektes auszudrücken, und wir müssen uns hier um so mehr Reserve auferlegen, als von den Mitteln zur Bezeichnung der Vocale, welche im Arabischen zur Verfügung stehen, in der Handschrift entweder gar kein oder nur ein spärlicher Gebrauch gemacht worden ist. Ob z. B. das Prâkṛitische Gesetz, wonach die Diphthonge *ai* und *au* zu *e* und *o* werden, hier durchgeführt ist, können wir aus der Schreibung nicht erkennen, wissen also nicht, ob das Wort *saindhava*[1]), hier سيندهب, *saindhabu* oder *sendhabu* gesprochen worden ist. Immerhin scheint einiges dafür zu sprechen, dafs dieser Wechsel auch hier vorliegt. Die Handschrift schreibt das Wort *saumya* سمّو, also *saummu* oder *sommu* (vgl. Prâkṛitische Formen wie *sokkha* und *sukkha* = *saukhya* bei Jacobi §§ 6. 11). Nun aber widerspricht das erstere allen Regeln der Arabischen Orthographie, ist thatsächlich im Arabischen unmöglich, während das letztere, zwar im Arabischen nicht vorkommend, doch darin eine Analogie hat, dafs allerdings nach einem langen *â* eine Doppelconsonanz folgen kann, z. B. in Formen wie *fârra*. Hierfür dürfte auch der kurze Vocal in پت (*putu*?) sprechen, der aus *au* entstanden ist (*pauti*, *poti*?), und derjenige in مِهِنْدَر, entstanden aus *e*, s. *mahendra*.

Im Allgemeinen gibt die Arabische Handschrift Indische Vocal-Länge und Kürze mit grofser Genauigkeit wieder. Es findet sich aber eine ganze Anzahl von Ausnahmen, die vielleicht zum Theil, aber sicherlich nicht alle, auf nachlässige Schreibung zurückzuführen sind. Es mögen hier Wirkungen sehr verschiedener Ursachen vorliegen, z. B. Wirkungen des Accentes.

---

[1]) Nach Hemacandra I, 149 im Prâkṛit *sindhava*, verkürzt aus *saindhava*. Vgl. auch Beames I, 156. 157.

1) Wörter in denen ursprünglich lange Vocale kurz geschrieben sind: ستكال *sitakála* anstatt Skr. *śítakála*. Die Richtigkeit der Überlieferung wird in diesem Fall durch das Hindî bezeugt, welches dieselbe Form hat, s. Kellogg, Grammar of the Hindi Language § 74; شدر (neben شودر) *śúdra*, بهجديو *bhojadeva*, كرمش *krimiśa*, انبرش *ambarisha*, كوبثل *kápishthala*, كشيردك *kshirodaka*, بالمك (neben بالميك) *válmíki*, بنارسي *váránasí*, مهندر *mahendra*, مهكال *mahákála*[1]), كاجن *kákijina*, پرجاتر *páriyátra*.

Die Verkürzung in بندي = *páṇḍya* und in پتجر = *patheśvara* ist zusammenzustellen mit derjenigen, welche vor einer durch Assimilation entstandenen Doppelconsonanz Statt findet, s. oben S. 36.

2) Wörter, in denen ursprünglich kurze Vocale lang geschrieben sind: دشپور *daśapura*. Über *pura*, das auch im Hindî ein langes *ú* hat, s. Beames I, 155, Hoernle § 65; پورش *purusha*. جوك *yuga*, تال *tala*, اجوت *ayuta*, پرجوتم *prayutam*, ديباكر (neben دباكر) *divákara*, بجيانند *vijayanandin*, سوتال *sutala*, مهاتال *mahátala*, اوتمارن *uttamarṇa*, برهمن *brahman*, ابشتهي *ishṭin*, ابندراني *indráṇí*, پار *pará*, ماهوره (ältere Form متهرا) *mathurá*, باتنجل *patañjali*. كوبت (von Alberuni *gúbita*[2]) gesprochen?) *gupta*, vgl. برهمكوبت *brahmagupta*, نكرد (*nigrida*?) *nyagrodha*.

Über die langen Vocale in پون *puṇya*, ليكه *likhyá* u. a. vgl. oben S. 36. Solchen Fällen wie *úpala* اوپل = *utpala* sind die folgenden ähnlich: اوتر *uttara*, اوپر *upari*, اوشن *uśanas*, اوكربوت *ugrabhúti*, اوپ بلي *upavása*, اوت كرت *utkriti*, اورگن *uraga*, اوتنهپاد *uttánapáda* u. a. Ich kann mir wenigstens nicht denken, daſs Alberuni initiales kurzes *u* mit او bezeichnet habe. Es ist aber beachtenswerth, daſs in einigen Fällen der folgende Consonant das Verdoppelungszeichen trägt, z. B. اودّوك, also *úddoga*; ebenso اوتّنپاد *úttánapáda*.

Der *ṛi*-Vocal wird im Allgemeinen durch ر *r* wiedergegeben, s. برد *vṛiddhi*, درت *dhṛiti*, درتمن *dhṛitimant*, تپودرت *tapodhṛiti*, شوككرت *śokakṛit*, پرت سوام *pṛithusvámin*, رش *ṛishi*, ركبيد *ṛigveda*, سمرت *smṛiti*, كرت *kṛita* und *kṛiti*, ديوگرہ *devagṛiha*, vgl. *kulahara* = *kulagṛiha* Z. DMG. 33, 452.

---

[1]) Vielleicht darf hiermit verglichen werden die Regel von Hemacandra I, 69, wonach an gleicher Stelle in dem Worte *maháráshṭra* das lange *á* durch ein kurzes ersetzt wird.

[2]) Vielleicht darf man solche Formen wie Hindî *kubija* = *kubja* hiermit zusammenstellen (so bei Nâmdeu, s. Trumpp, Die ältesten Hindui-Gedichte S. 22. 26).

In diesen Wörtern ist das *r* vermuthlich mit *i* zu sprechen, während die Schreibung كُبيذ auf eine Aussprache *rugbeda* zu deuten scheint, vgl. Pr. *rukkha* = Skr. *vṛiksha* (Jacobi § 3).

Daneben finden sich andere Wörter, in denen das *ṛi* verschwindet, z. B. مكّ *mṛiga*, Pr. *miga*, بيذسمت *vedasmṛiti*, بيدتّ *vaidhṛiti*, بيذهادت *medhâdhṛiti*, دكبل *dṛigbala*.

Der Übergang von *â* zu *î*, eine vollständige Imâle, wie sie der Arabische Dialekt von Malta gegenüber dem Ägyptischen zeigt, findet sich in كَرميِر = *karmâra*, vielleicht auch in كبيرِ = *kâveri*, sicherlich in ديوتّيني *devattini* = *deva* + *utthâna*, vgl. die andere Form *diṭṭhran*. Wir müssen eine Form *utthânika* (*utthânikâ*) voraussetzen, aus der *utthâni* und durch rückwirkende Assimilation *utthini* geworden ist, s. Jacobi § 15, 3.

Vereinzelt auffallende Schreibungen, die vielleicht aus falscher Lesung der Sanskrit-Zeichen hervorgegangen sind, finden sich z. B. in تورن *torana* = *tiraṇa*, كلبن *kâlavana* = *kolavana*, توتل *tautila* = *taitila*, كبيرج *kâbiraja* = *kauverya*.

Einige sichere Beispiele des Samprasâraṇa, des Übergangs von *ya* zu *i*, sowie des verwandten Wechsels von *va* zu *u* scheinen vorhanden zu sein, vgl. كنذكاتك d. i. *kandakâtika* = *khaṇḍakhâdyaka*, كَشُب *kashshûbu* = *kâśyapa*, نگرد *nyagrodha*, سيمنتوني (*simantoninu*) = *simantonnayanam*, دجيشفر *dujeshvara* = *dvijeśvara*, vgl. Hemacandra I, 94; Hoernle §§ 121. 122; Beames I, 324.

Die Gesetze des Saṁdhi sind meistens und selbst in rein Sanskritischen Wörtern nicht befolgt. Beispiele: بهكتي انتر *bhukti antara* statt *bhuktyantara*, ديشنتر statt *deśântara*, تبس شرم statt *tapasâsrama*, بورش هوراتر statt *purushâhorâtra*, كرم اندريان statt *karmendriyâṇi*, سند استمن *saṁdhi-astamana*, سند ادو *saṁdhi-udaya*.

Wörter, in denen das Saṁdhi durchgeführt ist, sind z. B. ارجشتشت *âryâshṭaśata*, دهيانگرهادهيد *dhyânagrahâdhyâya*. Vgl. مودكندهي *modakaṁdehi*, das auch مُودكندهي geschrieben ist, als sollte ausgedrückt werden *mâ udakaṁ dehi* (Übersetzung I, 136) und die ähnliche Tradition aus dem *Kathâsaritsâgara*, mitgetheilt von O. Böhtlingk in der Z. DMG. 41, 657.

Wenn die Arabische Handschrift zuweilen auslautendes *a* und *â* durch ein he otiosum ausdrückt, so ist das wohl eine unbewufste Herübernahme Persischer Orthographie, vgl. تره = *tîrâ*, پورنه *pûrṇimâ*, نخذه *nishadhâ*, تله *tahi*, کونه (*kandha*) = H. *kaṇḍhi*, Skr. *kaparda*, das vermuthlich schon lange vor Alberuni's Zeiten eranisirt worden war.

B. Nominalauslaut.

1) Die langen Vocale *â*, *î*, *û* am Ende der Nomina jedes Geschlechts verschwinden in der Schrift, d. h. sind durch die entsprechenden Zeichen des Arabischen Alphabets nicht ausgedrückt:

Nomina, die auf *â* auslauten: کل *kalâ*, زاتر *yâtrâ*, نرمد *narmadâ*, جتر *citrâ*, گد *gadâ*, بنت *vinatâ*, بیه *vibhâ*, سخ *sukhâ*, بین *venâ*, لنک *laṅkâ*, شکیت *śishyahitâ*, سنکیک *siṁhikâ*, هور *horâ*, جکتس *cikitsâ*, آش *âśâ*, دهار *dhârâ*, کرتک *kṛittikâ*, لیک *likhyâ*, مغ *maghâ*, آردر *ârdrâ*, اکشل *ikshalâ*, رشکل *ṛishikulyâ*, بشاک *viśâkhâ*, انراد *anurâdhâ*, جیرت *jyeshṭhâ*, سر *surâ*, جامند *câmuṇḍâ*, دیوک *devikâ*, سدماترک *siddhamâtṛikâ*, دیوپت *devapitâ*.

Bei einigen Nomina ist ein kurzes *a* durch die Schreibung mit dem Persischen های خفی angedeutet, s. oben und ماهوره = *mathurâ*, ماشه *mâsha*, پاده *pâda*, گنده (neben گند) *gaṇḍa*, موره *mora*, دروه *dhruva*, شنه *jña*, کنره *kiṁnara*. Diese Wörter, von denen die meisten schon vor Alberuni in das Persische übertragen sein dürften, erscheinen mir als persicirt nach der Art von بنده und ähnlichen Wörtern.

Nomina, die auf *î* auslauten: امادیو *umâdevî*, خار *khârî*, گینتر *gâyatrî*, کمار *kumârî*, گور *gaurî*, پنت *pantî*, سارادل *sârâvalî*, بهکبت *bhagavatî*, ایندران *indrâṇî*, گوداور (neben گوداوری) *godâvarî*, سوات *svâtî*, اتهلابی *utpalâriṇî*, جینت *jayantî*, دنج (neben دنجی) *kâñcî*, امراود *amarâvatî*, گومت *gomatî*, کوشک *kauśikî*, باراه *vârâhî*, کومار *kaumârî*, بیشنب *vaishṇavî*.

Nomina, die auf *û* auslauten: سرج *sarayû*, جم *camû*.

Ein langes *e* ist in dem Worte بشو *viśve* unbezeichnet. Die Beispiele für den Auslaut *â* und *î* sind natürlich viel zahlreicher als die für den Auslaut auf *û*. Was an die Stelle dieser langen Vocale getreten ist, erfahren wir aus der Arabischen Schrift nur in seltenen Fällen. Jedenfalls sind sie in der Bhâshâ nicht mehr vorhanden gewesen, während sie hier und da in Sanskrit-Wörtern, die einfach transliterirt sind, noch erscheinen. Beispiele: كيتا *gîti*, ريوتى *revati*, بيرنى *bharaṇi*, كلسى *kalasi*, لانكولنى *lâṅgûlini*, كهو *kihû*; ebenfalls der Dual اشونى *aśvini*.

2) Im Auslaut der Nomina herrscht eine starke Neigung zur Gleichmachung, sodafs die verschiedenen Endungen einer früheren Periode hier fast ganz verschwinden, verdrängt von einer einzigen, der Endung in kurz *u*, das ursprünglich auf die *a*-Stämme beschränkt, aus Prakritischem *o*[1]) hervorgegangen und auch im Sindhî die vorherrschende Nominalendung ist, s. Trumpp S. 32. Durch die Kraft der Analogiebildung ist das *u* auf die meisten Nomina übertragen, auf Stämme mit *â*, *i*, *î*, *u*, *û*, *as*, und ich halte es für mehr als wahrscheinlich, dafs die unter 1 besprochenen Nomina in *u* auslauteten.

In den folgenden Beispielen ist der Auslaut *u* in der Handschrift überliefert. Stämme auf *a*: برن *varṇa*, رس *rasa*, جندر *candra*, جاندر *cândra*, اندر *indra*. جتك *jâtaka*, تورن *târaṇa*, دلانشك *kâhâmsaka*, پارتب *pârthiva*, روده *rodha*, ردر *rudra*, پنكل *piṅgala*, بشنجندر *vishṇucandra*, لات *lâta*, اتل *atala*, سوتل *sutala*, ارك *arka*, سانك *sâṁkhya*, مان *mâna*, ست *sattva*, متر *mitra*, كراه *grâha*, اوتانپاد *uttânapâda*, انبر *ambara*, ابر *abhra*, سمدر *samudra*, كرمير *karmîra*, اننت *ananta*, شيشاك *śeshâga*, نرپ *nripa*, بهوپ *bhûpa*, منكل *maṅgala*, ديوپروهت *devapurohita*, دباكر *divâkara*, بسشت *vasishṭha*, سنك *śaṅkha*, برك پتر *bhṛguputra*.

Stämme auf *â*: اندر *indrâ*, كن *kanyâ*, پرتن *pṛtanâ*, سنهك *siṁhikâ*.

Stämme auf *i* und *î*: تت *tithi*, ارت *ashṭi*, كيسر *kesarî*, شيترشم *śîtaraśmi*, بالمك *vâlmîki*, باهن *vâhinî*, گومت *gomatî*.

---

[1]) Die Endung *u* für das Apabhraṁśa bezeugt Hemacandra IV, 331. Vgl. auch Hoernle § 46. Über den *u*-Auslaut im Hindî s. Kellogg, Grammar of the Hindî language § 154, S. 84. Schon bei Nâmdeu finden sich *dhiânu* = *dhyâna*, *bagu* = *baka*, *sâpu* = *sarpa*, *manu* = *manas*, *nâmu* = *nâman* (Trumpp, Die ältesten Hindui-Gedichte S. 38. 42. 43).

Stämme auf *u* und *ú*: انذْ *indu*, بسْ *vasu*, اشْ *íśu*, منْ *manu*, شنتنن *śaintanu*, كدر *kadrú*, جمْ *camú*.

Stämme auf *as*: رجْ *rajas*, تمْ *tamas*, چنذْ *chandas*, سركش *surakshas*.

Über die weitere Verbreitung dieses Auslautes s. unten S. 44.

Wie auf den meisten Gebieten, so ist auch hier die Schreibung der Handschrift nicht consequent, und es fehlt nicht an Wörtern, als deren Auslaut ein kurzes *a* oder *i* geschrieben ist, meistens wohl in unmittelbarer Anlehnung an die Sanskritische Form.

Nomina mit dem Auslaut *a*: روپَ *rúpa*, جَلَنَ (neben جَلَنْ) *jvalana*, ردرَ (neben ردرْ) *rudra*, آردرَ (neben آردرْ) *árdrá*, جمَلَ *yamala*, نيترَ *netra*, تپنَ *tapana*, ناگَ *nága*, منگَلَ (neben منگَلْ) *maṅgala*, شرَ *śara*. Über den nach Persischer Weise geschriebene Auslaut *a* s. oben S. 41.

Nomina mit dem Auslaut *i*: ددِ *dadhi*, ربِ *ravi*, كرتِ *kṛiti*, اوتكرتِ *ut-kṛiti*, ات ارتِ *atyashṭi*, پرجاپتِ *prajápati*, كروراكشِ *krúrákshi*.

Während nach dem Auslautgesetz des Präkṛit nur Vocale oder Anusvára im Auslaut stehen dürfen, hat die Mehrzahl der Neuindischen Dialekte eine solche Entwickelung durchgemacht, dafs jetzt die alten Nomina auf *a*, *i*, *u* consonantisch auslauten, dafs die flexivischen Auslautvocale abgefallen sind. Die Frage, ob in unserem Hindí hier auch schon vocalloser Auslaut vorkommt, ob nicht einige der vielen Nomina, von denen die Vocalaussprache nicht angegeben wird, mit consonantischem Auslaut zu lesen seien, mufs hier in Erwägung gezogen werden. Es gibt einzelne Wörter, deren Schreibung zu der Vermuthung führen könnte, dafs etwas derartiges beabsichtigt sei, vgl. z. B. شونْ für *súnya*, آكاشْ *ákáśa*, آدْ *ádi*, سانتْ *sánta*, بَرْ *bara*, كَوتَرْ *kautara*, بلوْ *bálava*, كَرْ *gara*, بيتْ (*bi-yat*) = *vitasti*.

Aber diese Fälle sind selten, aufserdem ist die Schreibung zum Theil der Art, dafs man zwischen Sukún und Damma nicht immer mit Sicherheit unterscheiden kann, und wahrscheinlich hat sie auch schon der Schreiber der Handschrift in seiner Vorlage nicht immer mehr unterscheiden können. Ich verweise hierfür auf die Darlegung in meiner Ausgabe, Preface S. XXXII.

Als das Resultat dieses Theiles meiner Untersuchung dürfte sich das folgende mit einiger Sicherheit ergeben.

In der Wiedergabe vocalisch-auslautender Nomina ist ein doppeltes System zu erkennen:

1) Rein Sanskritische Wörter sind vielfach in der Stammform mitgetheilt, transliterirt worden, jedoch in den meisten Fällen mit Verkürzung der langen Vocale im Auslaut. Dies unter dem Einflufs der Analogie der Bhâshâ-Formen.

2) In den der Bhâshâ angehörigen oder nach Bhâshâ-Grundsätzen behandelten Nomina liegt nicht der Stamm, sondern der alte Nominativ vor, und hier herrscht — ähnlich wie im Sindhî — der kurze *u*-Vocal vor, nicht allein bei den Stämmen auf *a*, sondern auch bei denen auf *â*, *i*, *î*, *u*, *û* und andern Nominalclassen. Ob und in welchem Umfang ursprüngliche *i*-Laute im Auslaut der Nomina erhalten blieben (s. für das Sindhî z. B. Trumpp, S. 41—44)[1], und ob und in welchem Umfange der alte vocalische Auslaut durch einen consonantischen ersetzt worden ist (wie z. B. im Hindî), diese und ähnliche Fragen dürften mit den in der Arabischen Handschrift überlieferten Materialien allein nicht zu beantworten sein. Man wird sich hier wie bei manchen andern Erscheinungen die Reserve auferlegen müssen, aus wenigen Beispielen nicht zu weit gehende Folgerungen ableiten zu wollen.

3) Die Neutra auf *a* verlieren ihr *m* in der Regel und endigen auf *u* wie die Masculina, s نَنْكُ *lingu* = *lingam*.

In einigen Sanskrit-Wörtern hat sich das *m* erhalten und wird theils ن theils م geschrieben, s. نيوتن und نجوتم *niyutam* (neben نجوت), اربدن *arbudam* (neben اربد).

4) Die Nomina auf *ṛi* zeigen ganz verschiedene Endungen, s. سبت (*sabitu?*) *savitṛi*, دتات (*dhâtu?*) *dhâtṛi*, بدتات *vidhâtṛi*, دورت (*duvartu?*) und توشت (*turashtu*) *trashṭṛi*, ديوپت *devapitu* = *devapitṛi*.

Daneben سبتا *savitâ* der alte Nominativ (Hemacandra III, 48), reine Stammformen سابتر *savitṛi*, دورتر und دياشتر *trashṭṛi*, پتر *pitṛi*. Einmal findet sich auch دهاتر. Ob aus *dhâtâram* entstanden? — Vgl. den Prâkṛit-Stamm *bhattâra*, der sich aus dem Accusativ *bhattâram* entwickelt (Jacobi § 42, 1).

---

1) Die Nomina auf *i* zeigen in der Handschrift theils ein kurzes *i*, theils ein kurzes *u* im Auslaut.

5) Die Stämme auf *an* verlieren ihr *n* und scheinen — wie im Prâkṛit — in die vocalische *a*-Flexion übergehen, s. پوش und پوخ (*poshu? pokha?* vgl. S. *pohu*) *pûshan*, برش *vṛishan*, اشتام *âśvatthâman*, ارجم *aryaman*, سکرم *sukarman*, عرِّاتم *haryâtman*, براه *brahman*, جيبشرم *jîvaśarman*, درتهام *tridhâman*, کلان برم *kalyâṇavarman*, سام *sâman*, پرب *parvan*, کرم *karman*, جات کرم *jitakarman*, نم کرم *nimakarman*.

6) Die Nomina auf *in* werfen ebenfalls ihr *n* ab, s. برود *virodin*, کرود *krodhin*, بکار *vikârin*, بلنب *vilambin*, پرمات *pramâthin*, سرب دهار *sarvadhârin*, شش *śaśin*, هست *hastin*, جکرسوام *cakrasvâmin*, پرت سوام *pṛithusvâmin*, بجیانند *vijayanandin*, اشو *aśvin*, پرتودک سوام *pṛithûdakasvâmin*.

Alte Nominative sind die Formen هوتري (*hotri*) *hotṛin* und ایشتبی *ishṭin*. Diejenigen Nomina, die das *n* beibehalten, dürften in die Flexion der *a*-Stämme übergegangen sein, s. دنتن (*dantinu*) *dantin*. پرماتن *pramâdin*.

7) Die Nomina auf *vant* und *mant* zeigen sehr verschiedenen Auslaut. Bei einigen ist wie im Prâkṛit (Jacobi §, 42, 3) der Stamm durch *a* erweitert, s. همنت (*himamantu*) = *himavant*, بسمنت (*basumantu*) *vasumant*, vgl. Hemacandra II, 159. In anderen ist die Endung auf *m* und *v* reducirt, s. بسو *vivasvant*, جوتشم *jyotishmant*, کشیروم *kuśerumant*. گبهستم *gabhastimant*, دهنشم *dhanushmant*. Daneben finden sich drittens die alten Nominativ-Formen گبهستمان *gabhastimân*, مرمان *maṇimân*, ببسوان *vivasvân*, دیپتمان *dîptimân*. Vgl. Hoernle § 235.

Eigenthümlich sind die Formen رکشبام (*rikshabâmu?*) *ṛikshavant*, شکدبام (*shukdibâmu?*) *śuktimant*.

8) Die Nomina auf *as* dürften in die *a*-Flexion übergegangen sein, s. اوشن (*ûshanu?*) *uśanas*, انگر (*angiru?*) *aṅgiras*, رج *rajas*, تم *tamas*, (Pr. *tamo*, Hemacandra I, 11), جهند *chandas*, سرکش *surakshas*, اد *adhas*.

Das *s* hat sich erhalten in اپسرس *apsaras*. Alte Nominative sind سمنا (*sumanâ*) = *sumanâḥ* von *sumanas*, und vermuthlich auch دربلسه (*durbâsa*) *durvâsas*.

9) In dem Worte سرپ = *sarpis* ist das *s*, und in بیسچ *vipaścit* und ابهج (daneben ابهچتی) *abhijit* das *t* abgefallen. Vereinzelt ist رچ *ricu* = *ṛic*.

10) Es gibt eine kleine Anzahl von Wörtern, sämmtlich der Bhâshâ angehörig und ursprünglich *a*-Stämme, welche auf die langen Vocale *â*

oder *i* auslauten, z. B. ارها, پوتی, تاری. Diese Formen sind nach den Untersuchungen von Hoernle (Comparative grammar §§ 203. 205. 357 und Essays in aid of a comparative grammar of the Gaurian Languages in dem Journal of the Asiatic Society of Bengal vol. XLII S. 59. 106 und besonders die Tabelle S. 99; ferner Kellogg, Grammar of the Hindi language p. 84) aus solchen Sanskrit-Formen entstanden, welche das im Mittelindischen weit verbreitete Nominalsuffix *ka* (*kâ*, *kî*) zeigen, sodafs *ârhâ* آرها zu erklären ist aus *âḍhaa*, *âḍhaka*; *pothi* پوتی aus *potthai* (*pustakikâ*?)[1]); *târî* تاری aus *tâlikâ*; s. die Erklärung von ديوسبهی oben S. 35 und diejenige von ديوتيهی s. S. 40; ferner نالی *nâlî* = *nâlikâ* (Hoernle § 51); گهری = *ghaṭikâ* (Trumpp, Die ältesten Hindui-Gedichte, Sitzungsberichte der Königl. Bayerischen Akademie der Wissenschaften 1879, 7. Januar S. 41). Auf diese Weise erhalten die Nomina das Aussehen alter Feminina. Dafs sie in der Bhâshâ Alberuni's sehr häufig gewesen sein müssen, ergibt sich aus seiner charakteristischen Bemerkung, Übersetzung I, 182: They magnify the nouns of their language by giving them the feminine gender u. s. w. S. die Ausgabe, Preface S. XVI und vgl. hiermit Hoernle § 359.

Einige Sanskritische Nomina der *i*-Classe zeigen hier ein langes *î* im Auslaut, wie بیاری *vyâḍî*, رشمی *raśmî*, بهکتی *bhuktî*, اتری *atrî*, eine Erscheinung, die wohl mit der Behandlung derselben Nominal-Classe im Prâkṛit zusammengestellt werden darf, s. *aggî*[2]) = *agni* (Jacobi § 40), *rassî* = *raśmi*.

Von flexivischen Elementen sind nur einige Pluralformen anzuführen, کرو = *kuravaḥ*, بسو *vasavaḥ*, سرپ *sarpâḥ*, بسو *vîsve*, und der Dual in اندراگنی *indrâgnî*, vielleicht auch in سدام وسسرکج هاو (Text S. ٣٠٩, 3), für welches Jacobi die Lesung *śadiyanaisargikau* vorschlägt.

Für die Nominal-Bildung ist die Form پشندلا *pushandilu* zu beachten, da sie aus *puṁs* + *shaṇḍha* (Pr. *saṇḍho*) mit dem Suffix *la* (s. Vararuci IV, 26 und Trumpp S. 70) entstanden ist. Dafs hier *kerala*, *sandaṁśa* und *jalapradâna* in den Formen *keralaka* کیرلک, *sandaṁsaka* سندنشک und *jalapradânaka* جلپردانک, andererseits *danturaka* als *dantura* دنتر und *phalgaluka* als *phalgalu* پلگل auftreten, mag hier Erwähnung finden.

---

1) Über den Wechsel von *u* zu *o* s. Hemacandra I, 116.

2) Dagegen im Hindi *âgi*, s. Hoernle § 359, S. 183 oben.

Die in dieser Untersuchung den Fachmännern vorgelegten Materialien sind verstreute Glieder eines gröfseren Ganzen, aber leider nicht dazu angethan die Reconstruction dieses gröfseren Ganzen zu ermöglichen, wobei wir freilich darauf hinweisen müssen, dafs ein Sachkenner von der Indischen Seite ohne Zweifel zahlreiche Züge und Zusammenhänge einheitlicher Entwickelung erkennen wird, die sich unserer Beobachtung entzogen haben. Was für den Herausgeber der Indica Hauptsache war: für die Beurtheilung der zahlreichen Indischen Wörter eine Grundlage zu gewinnen, nachzuweisen, dafs ihre Schreibung nicht von der Willkühr Arabischer Schreiber eingegeben war, sondern eine bestimmte Stufe in der historischen Entwickelung der Arisch-Indischen Sprache darstellt, diese Aufgabe dürfte durch die vorstehenden Untersuchungen in der Hauptsache ihre Erledigung gefunden haben. Es ist gewifs nicht überall gelungen grade dasjenige zur Vergleichung hervorzuziehen, was nach Zeit und Ort das nächstliegende war, aber es sind für die hauptsächlichsten Erscheinungen mannigfache Analogien nachgewiesen, welche der Überlieferung der Arabischen Handschrift zu der erforderlichen Grundlage und Controle dienen.

Eine Unterscheidung zwischen Sanskritischem und Bhâshâ-Sprachgut, zwischen Tatsamas und Tadbhavas, frühen und späten, zu versuchen, schien hier weder geboten noch rathsam; denn einerseits genügte es nachzuweisen, dafs diese und jene Erscheinung auf verwandten Gebieten vorkommt, und andererseits lag die ebenso schwierige wie weitschichtige Untersuchung über ihre Entstehungsart, sei es literarische Vermittelung, Analogiebildung oder etwas anderes, weit jenseits der unserer Untersuchung gesteckten Grenzen.

Ein Arabisches Werk, dafs grofse Stücke einer Indischen Sprache überliefert, ist eine Merkwürdigkeit in der Literatur des Orients, und merkwürdig ist auch der historische Hintergrund, von dem sich diese Erscheinung abhebt. Indien und Arabien scheinen sich in dem Werke Alberuni's zu berühren, die Indisch-Brahminische Gedankenwelt und die Semitisch-Muslimische einander zu durchdringen, und die historischen Verhältnisse, welche die beiden Völker einander nahe gebracht, welche einem Muslimischen Gelehrten die Veranlassung bieten konnten unter ständigem Waffenlärm viele Jahre seines Lebens dem Studium Indiens zu widmen und die Ergebnisse derselben in extenso seinen Glaubensgenossen vorzulegen, —

diese Verhältnisse sind der Anfang einer vielhundertjährigen Entwickelung, welche mit gewaltigen Thatsachen in die reale Welt unserer Tage hineinragt, vor allen Dingen mit der Thatsache, dafs von den 250 Millionen der Bewohner Indiens 50 dem Islam angehören, und dafs seit jenen Zeiten die Geschicke der Völker Indiens zum gröfsten Theil in den Händen von Muhammedanern gelegen haben.

Auf zwei verschiedenen Wegen und in verschiedenen Jahrhunderten hat sich der Islam über Indien ergossen. Die jugendliche Expansivkraft des Islams führte unter den grofsen Omajjaden zu Anfang des 8ten Jahrhunderts Tausende seiner Schaaren durch kaum passirbare Länder, vom südlichen Persien durch Beludschistan an den Meeresküsten entlang bis an die Mündungen des Indus, und der Siegeslauf des grofsen Thakefiten Muhammed Ibn Alḳasim — durch das Industhal nordwärts — kam erst zum Stillstand am Fufse des Himalaya. Die Colonien, welche er gegründet, sind bestehen geblieben. Seitdem aber die Bande, welche dies ferne Colonialgebiet an das Centrum der Reichsmacht knüpften, gelockert und gelöst, und seitdem Islamische Secten am Indus ihre den Reichszusammenhang zernagende Thätigkeit eröffnet, ergaben sich vielfach politische Spaltungen, und eine durch die gröfsere Zahl und die ältere Kultur der Inder getragene Reaction setzte ein, welche zur Folge hatte, dafs die Semitischen Eindringlinge — abgesehen von ihrer Religion — in allen Hauptstücken hinduisirt wurden. Die Expansion des Islams ist im Industhal erstorben. Der Einflufs dieser Immigration auf das übrige Indien scheint ganz gering gewesen zu sein, und wenn 300 Jahre später die Muslims von neuem in Indien eindringen, hat man fast den Eindruck, als seien ihre Glaubensgenossen noch nie vorher da gewesen. Es beginnt nun erst das Hauptcapitel in dem Kampfe zwischen dem Islam und Indien. Die Karmaten in Multan, augenscheinlich ohne grofse Bedeutung, werfen sich der unter Mahmûd hereinbrechenden Fluth entgegen, und müssen erst — gleich den Hindus — mit Waffengewalt bezwungen werden.

Ungefähr um das Jahr 1000 beginnt eine zweite Periode kriegerischer Immigration, welche von dem Centrum des heutigen Afghanistans ausgegangen ist. Ein thatkräftiger Heerführer reifst einzelne Theile des alternden Samaniden-Reiches an sich. Eine jugendliche Dynastie beginnt ihren Lauf. Der erste Vertreter scheint ein administratives Talent gewesen zu sein, der zweite ein Kriegsmann, der den kühnsten und erfolgreichsten Heerführern der Geschichte an die Seite gestellt zu werden verdient. Durch den verhängnifsvollen Khaibar-Pafs führt er immer wieder seine Schaaren, um erst am mittleren Ganges und an der Küste des Indischen Oceans bei Somanath auf der Halbinsel Kâthiwâr Halt zu machen. Beutebeladen zieht er heimwärts, denkt aber noch nicht daran alle durchzogenen Länder definitiv zu besetzen und seinem Reiche einzuverleiben.

Indien wurde durch ihn für den Islam entdeckt, erschlossen: er hat den Grund gelegt zu den tausendfachen Wechselbeziehungen, welche seitdem niemals aufgehört haben die Islamische Welt mit Indien zu verbinden. Indische Truppen dienten in seinem Heere: ein Wort des Tadels aus seinem Munde vermochte seine Indischen Officiere zum Selbstmord zu treiben. Indische Künstler und Bauhandwerker bauten seine Paläste und Moscheen, und kriegsgefangene Hindus waren die dienende Volksclasse in den angrenzenden Ländern des Islams. Die Beamten Maḥmûd's bedienten sich Indischer Dragomans, soweit sie nicht selber Hindus waren; die Sprachen der Sieger, Persisch, Türkisch und Arabisch, drangen durch verschiedene Canäle in Indiens Volkssprachen ein und wurden wie ein junges Reis auf einen alten Stamm gepfropft.

Dieser Mischungsprocefs sollte nicht ohne einen classischen Zeugen verlaufen. Auf den Wegen, welche das Schwert Maḥmûd's geöffnet, folgte ihm der Forschergeist eines vorurtheilsfreien Gelehrten. Angezogen von der alten und merkwürdigen Kultur Indiens suchte er sich ein Verständnifs für dieselbe zu erarbeiten und ein solches auch der Muslimischen Welt zu vermitteln. Er will, um eine richtige Beurtheilung Indiens und der Inder zu ermöglichen, eine objective Darstellung ihrer ganzen Gedankenwelt geben. Als Maḥmûd von der Bühne abtrat, versenkte sich Alberuni in sein Studium und schilderte, — weniger was er von Indien gesehen, — als was er von seinen Bewohnern gelernt, was sie dachten und thaten. In diesem Zusammenhange hat er auch ihrer Sprache seine Arbeit zugewendet und in einer für uns sehr glücklichen, aber für seine Zeitgenossen wohl kaum verständlichen Werthschätzung derselben theilt er die zahlreichen sprachlichen Details mit, deren Darlegung nach verwandschaftlichen Beziehungen in dieser Abhandlung versucht worden ist.

Anmerkung. Das dem Titelblatt gegenüberstehende Facsimile ist Blatt 88 *b* und 89 *a* der Handschrift Schefer = Seite 172 und 173 meiner Ausgabe. Die Schrift berührt sich in einigen Dingen mit der Wiener Handschrift der Persischen Pharmacologie des Muwaffak Ibn 'Ali aus Herat (s. das Facsimile in der Ausgabe von Seligmann), z. B. darin, dafs auch hier zwischen *b* und *p*, *c* und *j*, *k* und *g* nicht immer unterschieden wird. Vgl. Seligmann, Prolegomena S. XXV und hier S. 11, 15 und 23.

—

Buchdruckerei der Königl. Akademie der Wissenschaften (G. Vogt).
Berlin, Universitätsstr. 8.